Batalha Espiritual: O Que Você Precisa Saber Para Superar a Adversidade

Dan Desmarques

Published by 22 Lions Bookstore, 2019.

Sumário

Direitos Autorais 1

Sobre a Editora 3

Introdução 5

Por que a Possessão Demoníaca Se Generalizou? 7

Como a Possessão Demoníaca tem Início? 9

Como o Diabo Engana? 11

Como Pode o Diabo Destruir uma Religião? 13

A Arma Favorita do Diabo 17

Como Superar Suas Lutas Espirituais 21

Como Enfrentar Seus Problemas Espirituais 25

Como Vencer na Vida com Fé 27

Como a Luxúria Corrompe a Alma 31

A Importância da Confiança no Amor 33

Podemos Mudar os Outros? 35

Por que a Introspecção é tão Importante? 37

Como Escolher Seus Amigos 39

Podemos Mudar o Mundo Físico? 41

Será o Egoísmo Necessário para a Felicidade? 43

Como Evoluir Como Um Ser Espiritual 47

Por que Deus Despreza a Maioria 51

Como Abraçar a Verdade Sagrada 53

Como Amar Seus Inimigos 57

O Pensamento Infantil de Muitos Adultos 63

Como Proteger Sua Alma 67

A Decepção no Ateísmo 69

A Importância da Oração 71

A Oração da Cruz 73

A Oração do Pentagrama 75

Oração ao Deus do Mundo Invisível 77

Oração dos Chakras 79

Oração da Esperança 81

Oração dos Bons Desejos 83

Oração para o Exorcismo 85

Oração para a Libertação da Alma 87

Oração de São Miguel 89

Direitos Autorais

Batalha Espiritual: O Que Você Precisa Saber Para Superar a Adversidade

Escrito por Dan Desmarques

Copyright © Dan Desmarques, 2019 (1ª Ed.). Todos os Direitos Reservados.

Publicado por 22 Lions Bookstore & Publishing House

Sobre a Editora

Sobre a 22 Lions Bookstore:

www.22Lions.com

Facebook.com/22Lions

Twitter.com/22lionsbookshop

Instagram.com/22lionsbookshop

Pinterest.com/22lionsbookshop

Introdução

Muitas pessoas passam pela vida sem saber como mudar, e muito menos enfrentar as adversidades com um conjunto renovado de valores. Poderá levar anos para perceberem que existe um problema espiritual a resolver. E ainda assim, quando esse momento chega, a maioria não consegue encontrar as respostas que procura em qualquer congregação religiosa.

Nossas batalhas espirituais tendem a ser mais devastadoras e prejudiciais do que quaisquer outras, e o crescente consumo de antidepressivos, bem como o número crescente de suicídios no mundo, nos mostram exatamente isso. De fato, é nos países com as mais altas taxas de suicídio que esta guerra espiritual se torna tão óbvia, por várias razões que este livro explica em detalhe.

Devido à falta de conhecimento suficiente sobre como lidar com confrontos espirituais, a maioria de nós tende a enfrentar problemas repetitivos e até a sucumbir à auto-humilhação. Isto ocorre porque aprendemos as coisas erradas de nossos pais e professores, muitas vezes até de nossos líderes espirituais, enquanto somos levados a acreditar que os valores sociais com os quais crescemos estavam corretos. E bem, não estavam. Mas, como adultos, não podemos mais enfrentar isso, pois tal atitude nos faz repensar nossa verdadeira natureza, questionar toda a nossa existência e, ao mesmo tempo, força a redescoberta de nosso verdadeiro eu.

O trabalho e as consequências de seus resultados, mesmo que positivos, são imensas. E é por isso que a maioria das pessoas não quer mudar, mesmo sabendo que precisa disso, inclusive quando se vêem destruindo a própria vida.

Então nos perguntamos por que as pessoas ao nosso redor não mudam, quando vemos nelas manifestações que exigem uma mudança urgente de atitude; e, no entanto, raramente nos olhamos para perguntar por que não podemos ou não queremos mudar. E nesse caminho, passamos a vida reclamando dos outros e não olhando para o nosso eu real, nossa identidade e o núcleo do nosso coração, tudo o que nos torna humanos de natureza espiritual.

Isso, obviamente, exige uma profunda introspecção e um confronto diante do espelho da verdade. E a grande maioria da população não quer fazer isso, ou não possui as ferramentas necessárias para suportar a turbulência que se desenrola durante esses momentos muito sombrios. Em vez disso, a maioria escolhe usar uma máscara de bondade, e é aqui encontramos outra armadilha espiritual na qual a grande maioria cai facilmente.

Só podemos superar esses estados de espírito observando o que estamos fazendo com nossa vida e conosco mesmos, e antes que possamos reconhecer a profunda rede de complexidades em que vivemos. Somente depois, podemos começar a procurar respostas que façam algum sentido e levem a resultados efetivos. E se você alcançou esse estágio em sua vida, este livro certamente é para você, pois o guiará em direção aos valores e regras que fazem as pessoas quererem mudar, enquanto explica como essas mudanças são feitas.

Este não é apenas um livro sobre como mudar a si mesmo, ajudar os outros ou enfrentar uma guerra espiritual, mas também um livro que lhe dará todo o espectro do que são as mudanças e, ao mesmo tempo, explica por que a maioria das pessoas sempre muda, com frequência, para pior.

Com isto em mente, espera-se que esta compilação de informações possa guiá-lo em direção aos seus sonhos mais desejados, e não obstante os paradigmas das massas que estão destinados apenas a prendê-lo.

Por que a Possessão Demoníaca Se Generalizou?

O mundo está mudando rapidamente e criando três divisões entre as pessoas. Estas divisões são retratadas de maneira precisa e interessante em muitos filmes apocalípticos. Um grupo, as massas, representa os mortos-vivos, os zumbis, reagindo por impulso e completamente inconscientes do que fazem ou por quê. É como Jesus disse, ao morrer na cruz: "Eles não sabem o que fazem" (Lucas 23:34).

Estes indivíduos estão sendo movidos, puxados e empurrados, contra sua vontade ou sob sua vontade, se considerarmos que não têm nenhuma consciência, ou mesmo uma quantidade suficiente de empatia para justificar alguma.

Eles tendem a pensar que tudo está dentro de sua vontade e, portanto, ao sentir essa energia dentro deles, em seus corações, não podem processar uma explicação para isso. Por não serem humanos, mas antes pré-humanos, precisam processar as transformações em sua mente; e, ao fazê-lo, encontram uma razão para isso fora deles.

Muitas vezes, a razão encontrada para a emoção, é o oposto do que seria lógico supor — eles atacam os inocentes, os passivos e os gentis, em busca de um bode expiatório responsável por seus infortúnios.

Mas por que os inocentes são atacados? Bem, a resposta é que, basicamente, não podem ou não querem se defender. É por isso que eles são as vítimas perfeitas; pois se tornam no bode expiatório ideal; Ou seja, eles são, ou se tornam voluntariamente, o que os outros buscam.

Muitas são as razões que tornam as pessoas más, perfeitamente descritas na psiquiatria como uma forma de psicopatia e na religião como possessão demoníaca. Seja qual for o caso, ou a perspectiva adotada, todos os caminhos se voltam para o mesmo fim quando olhamos para o narcisismo, ou mais precisamente, para o Transtorno da Personalidade Narcisista.

Não apenas todas as características são paralelas à psicopatia e possessão espiritual, mas também estão alinhadas com o que a Bíblia nos diz sobre os últimos dias na terra: "As pessoas serão amantes de si mesmas, amantes do dinheiro, orgulhosas, arrogantes, abusivas, desobedientes, ingratas, profanas, sem amor, implacáveis, caluniosas, sem autocontrole, brutas e ingratas perante a bondade, traiçoeiras, guiadas por impulsos, vaidosas, apreciadoras de prazeres e não amantes de Deus" (Timóteo 3:1).

Isto está de fato de acordo com o modo como a sociedade está se transformando. Sabe-se agora que o narcisismo não é apenas uma doença mental da minoria, mas uma doença mental em ascensão, que rapidamente se espalhou por toda a humanidade. E poucos sabem, através de paralelos entre a religião e a psiquiatria, que o Narcisismo é apenas uma nova palavra científica encontrada para descrever possessão demoníaca; ou, de outro modo, a possessão demoníaca está em ascensão. Está se expandindo muito rápido. E quando estava investigando por que é assim, nas duas últimas décadas, encontrei uma ponte entre dois mundos — mental e espiritual — que cria um vácuo, um espaço aberto para os demônios se apoderarem de um indivíduo.

Esse espaço é criado pela ignorância. Razão pela qual Cristo disse:

"Meu povo é destruído por falta de conhecimento; e porque se esqueceram da lei do seu Deus, eu também os esquecerei" (Oséias 4:6).

Como a Possessão Demoníaca tem Início?

Espíritos malignos sussurram. Eles não têm controle direto sobre uma alma, a menos que isso seja permitido.

A permissão, como processo de posse espiritual, é gradual e ocorre através da concepção de pequenas e consistentes trocas espirituais ao longo do tempo. Pode começar como uma simples mentira, um roubo de pequenas proporções, até que se torne a calúnia de um inocente, a manipulação deliberada de um grupo de pessoas, ou até a família do narcisista; e então se torna a submissão a outras pessoas, abuso de álcool, consumo de drogas e atividades promíscuas. Nesse ponto, completamente imerso nos prazeres da carne e da mente, o narcisista aprende, como um vampiro, a extrair energia de outras pessoas, alimentando-se de seu sofrimento - aprende a desfrutar da dor de outras pessoas. E é aqui, neste momento, que a possessão demoníaca se completa.

Uma pessoa literalmente se torna má quando depende do prazer de atividades más e do entretenimento de maus pensamentos para se sentir vivo — ao se tornar um com o demônio interior. Quando esse estágio começa, o narcisista não pode mais ficar sozinho consigo mesmo e, sob o controle do anfitrião, inicia uma busca por sangue na humanidade.

Obviamente, como predador, suas vítimas mais procuradas são as mais inocentes, as mais vulneráveis e as ingênuas. Portanto, esse vampiro social aprende a usar seus melhores atributos, físicos e mentais, para a sedução constante, enquanto estuda as vulnerabilidades da presa mais desejada.

Como tal, o método preferido vem na forma de fascínio sexual, manipulação e caça às necessidades e fraquezas da vítima. Pois eles precisam ser convidados, e esses três métodos são as portas físicas para a mente e o suprimento de energia de seus alvos. "Eles praticam o mal pela mesma razão que um viciado em drogas, porque isso os faz sentir bem. Ferir e degradar os outros os afeta como um analgésico no qual eles se exaltam" (Kathleen Krajco).

Não é por acaso que estes vampiros geralmente são ateus, pois a religião e a moral não têm nada que se assemelhe à mentalidade deles.

No entanto, muitos se disfarçam de moralistas, se escondendo dentro de grupos religiosos, pois aqui eles têm uma abundância de, senão vítimas, suprimento de energia e um campo de treinamento aberto. Não há lugar melhor para praticar o controle da mente do que em congregações cheias de pessoas que confiam cegamente em alguém de seu grupo. E assim, você encontrará a maior abundância de vampiros nas congregações cristã e muçulmana.

À medida que o número de indivíduos possuídos espiritualmente, ou vampiros, aumentar, também continuaremos vendo um número crescente de pessoas, gradualmente, mas consistentemente, destruindo toda a humanidade.

Pior que isso, é notar que eles agem em grupo e tendem a respeitar apenas aqueles que são como eles. Muitas vezes, se associam em hierarquias e, como tal, você também encontrará um Vampiro Alfa entre um grupo de vampiros, controlando-os e dizendo a eles o que fazer e o que pensar, um indivíduo que, curiosamente, eles seguem cegamente e pelo qual podem morrer ou sacrificar qualquer coisa, inclusive seus próprios parceiros e familiares.

Por que eles fazem isso? Porque não são humanos como o resto de nós. "O cérebro de um predador simplesmente não se relaciona com a alma viva de sua presa. Observe o comportamento e olhe nos olhos de animais predadores enquanto estão matando. Não há nada no olhar. Eles são como máquinas naquele momento. Eles têm que ser ou não poderiam fazer isso... Os seres humanos também são animais e têm o mesmo modo predatório. A natureza nos dotou disso como caçadores. Está em todo mundo. Mas em narcisistas e sociopatas algo deu errado. Eles entram nesse modo contra sua própria espécie. E estão permanentemente nesse modo contra toda a sua espécie. Porque eles não se consideram da nossa espécie. Eles acham que estamos aqui para alimentá-los, assim como pensamos que o gado está aqui para nos alimentar. Eles não podem evitar se sentir assim" (Kathleen Krajco).

Como o Diabo Engana?

A maioria das pessoas agora, desencadeada e instigada pelas mídias sociais a invejar, desejar mais, competir e odiar, aceita facilmente os sussurros demoníacos que vêm à sua mente como comandos para a guerra. E é assim que acabam formando um exército, uma legião de demônios.

Além disso, notei outro fato interessante no mundo de hoje, que é a unificação das mentes, a singularidade que se manifesta entre essas almas demoníacas. Porque estão em toda parte. Portanto, imagine alguém sofrendo de possessão espiritual, tendo amigos que também estão possuídos e vendo um terapeuta e um padre que também estão possuídos, passando um tempo conversando com pais que também estão possuídos, e sem entender, durante todo esse tempo, como tudo está errado, completamente errado e, no entanto, permanece unificado como um mantra pelo mundo exterior.

O fator interessante aqui é a visão. Todos eles são cegos para as influências demoníacas ao seu redor e dentro deles. Isso porque têm falta de conhecimento, experiência e conscientização sobre o assunto. E assim, como fantoches que não sabem que são fantoches, eles são tocados pelas mãos de seus mestres, que nem sempre conseguem reconhecer. Especialmente se forem ateus, sem qualquer fé no sobrenatural e na espiritualidade.

O mais impressionante que notei naqueles que são possuídos por demônios é seu completo desdém e desrespeito ao conceito de alma, espírito e até Deus. Eles estão bêbados por seu ego e seus desejos fisiológicos, por prazer, na forma de sexo, poder, reputação e reconhecimento. Eles vivem obcecados com a fabricação e a espessura de suas máscaras sociais. E, ao fazer isso, esquecem-se de si mesmos para abraçar sua máscara como o novo eu; exceto que essa máscara não é o novo eu, mas o organismo simbiótico que eles agora adotaram pelo livre arbítrio — o espírito malévolo de baixa energia que eles aceitaram. Porque é isso que a inveja, o ódio e o egoísmo atraem pela mesma frequência que emitem do interior do coração.

DAN DESMARQUES

Nossos pensamentos controlam nossas emoções, e nossas emoções determinam a frequência com que mudamos nossa aura, que por sua vez atrairá igualmente frequências, pensamentos e experiências. Mas nem todos os pensamentos são nossos, pois nossa mente é basicamente apenas um templo, no qual os pensamentos da humanidade, sua natureza subconsciente e o mundo do espírito se combinam para formar um todo.

Neste templo, nossas decisões dominam tudo o que flui dentro. O que aceitamos como regra se torna juiz do nosso templo, e seus preceitos comandarão nossas ações e pensamentos futuros, fortalecendo nosso ego ao longo do caminho e transformando nossa natureza de acordo com isso.

Opondo-se a essa transformação maciça está uma temível segregação de pequenos grupos, geralmente religiosos. Eles levaram suas crenças a um nível novo e alto, como se edificassem as maiores muralhas que podiam ao seu redor. Eles são agora, acima de tudo, cultos, aterrorizados pelo mundo exterior. E, como o que você veria representado metaforicamente nos filmes apocalípticos, vivem dentro de paredes mentais, tão altas que ninguém pode penetrá-los. Suas defesas são grossas e vêm na forma de perguntas intermináveis, destinadas a justificar manter estranhos fora de suas muralhas, em vez de permitir que entrem. Agora, estamos vislumbrando Mad Max, Matrix, Guerra Mundial Z, O Livro de Eli, Resident Evil e muitos outros filmes.

O que também acho interessante nesse paralelo, que todos nós contribuímos para manifestar — através de décadas da propaganda de lavagem cerebral de Hollywood, alimentando nossa mente subconsciente desde a infância — é que em cada grupo religioso, eles também têm seu próprio Judas. E, assim como naqueles filmes, esse Judas tem a máscara perfeita; ele se mistura com facilidade entre todos, com uma aura de santidade, muitas vezes palestrando para sua congregação e, ao fazê-lo, jogando mais poeira em todos, através de suas próprias palavras, para que ninguém possa ver o que está acontecendo nos bastidores.

Como Pode o Diabo Destruir uma Religião?

Os Judas de uma congregação religiosa corrompem a mente do grupo, através do medo, sugestões perversas e promoção de um senso de arrogância.

Eles mudam os valores do grupo, de amor e respeito, para ódio, hipocrisia, discriminação e desdém. E assim, o inimigo ataca por dentro. E, como um parasita, corrompe primeiro a mente de um, depois outro, e logo depois um grupo inteiro, que acaba perecendo como qualquer organismo biológico infestado.

Sempre que essas pessoas estão presentes, a maioria dos membros começa a sofrer primeiro de depressão, depois de problemas financeiros, desemprego e, eventualmente, ressentimento de uns pelos outros. Uma vez que começam a se atacar uns aos outros, e a deixar a congregação, o inimigo vence.

Esse processo é gradual, ocorrendo através de uma mudança no campo energético da congregação, mas pode ser visto em qualquer lugar, em qualquer grupo religioso ou espiritual. E, curiosamente, sempre que a fonte é identificada, os membros da congregação tendem a negar tudo.

Sempre que identifiquei essa pessoa, fui eu quem foi insultado e visto com suspeita, apesar de ter sido recebido a princípio como um indivíduo muito moral e espiritual e apresentado a todos como tal.

"A grande maioria das pessoas apenas acompanha o rebanho. Não importa o que esteja fazendo. Porque o comportamento da maioria das pessoas está em conformidade com o que lhes faculta uma aprovação e aceitação entre seus parceiros no rebanho, um cínico pode usar esse poder sobre eles para fazê-los construir uma pirâmide ou marchar para a guerra. Mas ele o utiliza da maneira mais eficaz, quando o usa para provocá-los como um bando de cães, contra alguma pessoa ou grupo. Isso demonstra seu poder absoluto sobre eles, e faz um exemplo do que acontece com qualquer um que ele rejeite, estabelecendo assim um Reino de Terror" (Kathleen Krajco).

DAN DESMARQUES

A melhor demonstração desse estado de terror, ocorre quando as congregações religiosas literalmente se recusam a falar sobre o mal e a possessão demoníaca, e você pode ver o medo nos olhos deles ao abordar o assunto.

Por outro lado, não é nenhuma surpresa saber que sempre fui rapidamente identificado como uma ameaça por esses vampiros. Pois são eles que me procuram com um sorriso, apresentando-se com suas perguntas pessoais embaraçosas e enganosas. Eles sabem que posso vê-los e agem rapidamente para destruir minha reputação, criando dúvidas plausíveis no grupo assim que chego. Pois "todo mundo sabe que quando alguém se defende de acusações com acusações, a multidão sempre acredita em quem acusou primeiro e vê a vítima como o agressor. Isso é irracional, porque o acusador inicial é o atacante, e não existem mais motivos para acreditar em uma parte do que na outra. Portanto, as pessoas não fazem isso de boa fé. De fato, quanto mais absurdas as acusações iniciais do acusador, mais firmemente as pessoas acreditam nelas. Fazem isso por interesse próprio, porque as alegações de retorno os fazem parecer ruins por engolir avidamente as mentiras absurdas e suculentas do primeiro acusador. Todos os vigaristas são, portanto, protegidos pelo orgulho daqueles que eles enganam" (Kathleen Krajco).

Quando deixo esses grupos entregues a si mesmos, depois que o problema foi clarificado e identificado, eles se alteram para um estado mais sombrio, visto que cometem o pior pecado, i.e., o pecado do orgulho.

Eles se permitiram ser estuprados moralmente em nome do egoísmo.

Igualmente, não devemos esquecer que, na história metafórica de Adão e Eva, "Eva não foi honestamente enganada; ela apenas gostou mais da versão serpentina do mundo, porque a tornou capaz de ser como Deus. A razão de Adão para aceitar a mentira foi, no entanto, pior: ele apenas fez isso para concordar com Eva. Em outras palavras, para agradá-la, ele prostituiu sua mente. E assim surgiu o politicamente correto" (Kathleen Krajco).

BATALHA ESPIRITUAL

É por isso que todos os indivíduos religiosos podem ser facilmente enganados e controlados pelas estratégias do mal: Primeiro, eles se deturpam para serem vistos como santos; depois, se vendem à mentira, a fim de recuperar um orgulho que nunca foi deles, sendo vítimas de seu ego.

Em outras palavras, o Diabo os engana, atacando sua insegurança e medos, oferecendo um presente profano, como no fruto proibido do Éden.

A Arma Favorita do Diabo

Como nos filmes que retratam o fim da humanidade, também encontramos alguns heróis em nossos sistemas sociais — sobreviventes. Eles caminham sozinhos, por falta de melhores opções.

A alimentação que estes sobreviventes podem encontrar neste mundo selvagem vem na forma de livros que os esclarecem e, ao fazê-lo, os guiam para a terra prometida —encontrada dentro de si mesmos.

Os autores de tais livros, como estações de rádio rebeldes, espalham continuamente a mensagem que guia aqueles que podem segui-la — aqueles que estão sintonizados com tal frequência altamente evoluída. Porque, você vê, é necessário estar em um estado moral elevado para perceber a mensagem ao encontrá-la. Caso contrário, você não a vai encontrar.

Isto é outra coisa interessante que encontrei entre as almas perdidas, pois lêem os livros que as manterão perdidas e confusas, e seguem as ideologias e as práticas que as levarão mais para baixo, em direção à insanidade, e tomam antidepressivos que prejudicam sua capacidade para pensar adequadamente por si mesmas, vendo a realidade como ela é, consultam os gurus que instigam nelas a idéia de perfeição e arrogância, retirando quaisquer restos de amor que ainda possam ter sido deixados em seus corações, e adotam uma ideologia de falsa positividade, que, de fato, rejeita a auto-análise e a introspecção, reforçando, portanto, o paradigma narcísico que torna mais fácil para um demônio se apossar da alma.

É isso que ocorre quando você nega sua própria consciência — você permite que outra força assuma o controle sobre ela e, ao fazê-lo, sobre você como pessoa. Você literal e voluntariamente doa sua alma, e em troca de quê? Um momento de paz ilusória? A ideia de perfeição? A ilusão de justiça própria?

Veja bem, as pessoas estão literalmente, através de vários meios, trocando suas almas por poderes demoníacos que as influenciam. Fazem isso através de um método de puxa e empurra, no qual, de um lado, recebem a pressão do mundo exterior, através de ataques, insultos e depressão, e do outro lado, recebem os sussurros e promessas de um resultado melhor, através de ideologias lunáticas que pedem que permitam o violar de seu espírito, em nome de uma vida melhor, na qual toda essa loucura será fácil de aceitar.

Esta é a mesma promessa que todos os mentirosos fazem, ao empurrar suas vítimas para a degradação: "Degrade-se um pouco mais e darei o que você deseja".

Isto, obviamente, como em qualquer caso em que as mulheres são sequestradas e forçadas à prostituição, com a promessa de um dia serem libertadas, nunca acontece, e não há melhor explicação para isso, como na forma de uma frase que ouvi de uma das almas possuídas: "A culpa é sua, se você confia no que eu digo e escolhe me aceitar de volta."

Você não pode culpar o diabo por tentá-lo, mas a si mesmo por ter sido vítima da tentação. E essa é a armadilha definitiva — a culpa. Pois o que é culpa, exceto o resultado do engano, quando alguém aceita de bom grado ser enganado em nome de seus desejos mais egoístas, muitas vezes despertados através de suas fraquezas mais profundas. É o sentimento de indignidade, inferioridade e humilhação, que nos leva profundamente aos nossos piores medos, nos quais a fé e o amor próprio desaparecem, consumidos por eles.

Quando esses medos se tornam insuportáveis, a pessoa deseja cometer suicídio e, assim, ele ou ela faz exatamente isso, física ou mentalmente, quando se torna outra pessoa, a antítese — um ser humano forte e confiante. Exceto que essa nova persona não é ela mesma, mas uma máscara que voluntariamente usa em público, depois de desistir do verdadeiro eu, depois de dar permissão ao espírito de um demônio para controlar a alma e guiar quaisquer ações e pensamentos conscientes; e assim, a pessoa se torna uma manifestação subconsciente e alternativa do eu; não o verdadeiro eu.

Esses indivíduos, quando em terapia, costumam afirmar: "Não acredito que minhas memórias estão quase todas apagadas e, quando tento voltar no tempo, tudo em minha mente fica em branco."

BATALHA ESPIRITUAL

A parte assustadora disso é que, esse "espaço em branco", como o descrevem, aumenta gradualmente desde a infância até o momento presente. É muito comum, naqueles que estão perfeitamente possuídos por demônios, que nem consigam se lembrar das ações que fazem em tempo presente.

Embora muitas vezes as neguem, num processo conhecido como *gaslighting*, que ainda detém uma certa consciência no que diz respeito à mentira expressa voluntariamente, eventualmente, perdem a capacidade de identificar sua própria realidade ou de lembrá-la como um todo. A vida deles, num dado momento, torna-se uma combinação de vislumbres da consciência, pois estão inconscientes na maior parte do tempo.

À medida que suas más ações se tornam mais permanentes, a incapacidade de enfrentá-las leva-os ainda mais para a inconsciência. E assim, geralmente cometem suicídio, em um acidente que promovem em si mesmos, commumente levando outras almas com eles.

Como Superar Suas Lutas Espirituais

Como pode imaginar, as vibrações do bem e do mal aumentam ainda mais a polaridade entre as pessoas. Não é de admirar que tantas guerras espirituais se manifestem na forma de conflitos físicos que nos negam a capacidade de ver o que realmente está acontecendo. E, no entanto, as ilusões do mundo material são simplesmente justificativas que a mente cria.

Como nos filmes apocalípticos, a salvação é encontrada através da sobrevivência. Nossos heróis sabem onde não podem estar e para onde devem ir, e mesmo que não saibam onde fica o fim do caminho, continuam seguindo em frente, mudando de lugar e aceitando as sugestões que vêm em sua direção. Porque você pode não saber onde deveria estar, mas certamente e rapidamente aprende onde não pode mais estar.

Isto, se você pode aceitar como tal, é a mensagem de Deus, mostrando o caminho. E portanto, não há uma necessidade de aceitar um estado de vitimização, pois você é apenas uma vítima se primeiro aceitar esse estado em sua mente.

Se está sendo atacado por um grupo de lunáticos, deve se alegrar com o fato de que eles o fazem porque vêem em você o bode expiatório perfeito — o oposto de sua frequência energética.

Você também deve se alegrar com o fato de que, se é alvo do mal, é abençoado pelo bem. E esse bem representa Deus. Portanto, a solução consiste em abraçar essa realidade, as diferenças e as transformações que ocorrem no planeta.

Você pode orar, ler, aprender, se transformar, e mudar sua localização, se puder, abandonar velhos hábitos e ganhar motivação com as oportunidades de conhecer outras pessoas como você, seguindo o mesmo caminho. Ao fazer isso, você encontrará o caminho para a felicidade e a força espiritual, enquanto continua sua jornada em uma evolução sistemática.

Todas as mudanças na vida são transitórias. Você realmente não experimenta um desafio, mas uma mudança. Sempre que um desafio lhe é apresentado, isso indica a necessidade de mudar. Às vezes você muda antes que o desafio apareça para você; outras vezes, você muda porque um desafio apareceu em sua vida; e, no entanto, outras vezes, você muda porque ocorreu um desafio no passado.

Não obstante, os seres humanos são facilmente capturados por suas percepções — o que vêem e sentem em um determinado momento. Eles não têm experiência em adiar suas emoções, controlá-las com o tempo, ou mesmo em ver essas emoções em uma escala maior. Pois, nada do que você sentiu, em um determinado dia, dez anos atrás, importa mais. Certo? Ainda que isso importasse muito para você naquela época.

Lembra como você se sentiu mal quando seus pais brigaram? Lembra-se de como às vezes se sentia sozinho e sem esperança? Lembra-se de por vezes pensar que nunca seria capaz de atrair o amor para a sua vida, e que acabaria sozinho para sempre? Lembra-se de como se sentiu sem dinheiro e sem esperança? Lembra-se de como foi devastadora sua primeira separação num relacionamento? Ou como se sentiu quando alguém em quem confiou o abandonou e traiu? Você esqueceu tudo isso? Por que você esqueceu algo tão tremendamente importante para você? Porque nunca foi importante. Você sentiu que era importante, quando estava ocorrendo, mas não era e não interferiu no seu futuro, exceto para guiá-lo para algo melhor e mais importante.

O mesmo está acontecendo com sua vida agora, e tudo o que você se preocupa em perder. Seus medos sobre o futuro, em algum momento, desaparecerão.

Se você pudesse se sentir mais capaz, maior que seus problemas, nada disso importaria.

O medo e a esperança não podem ocupar o mesmo espaço, e quanto mais fé você tiver, menos medo sentirá, porque a fé é algo do futuro, enquanto o medo está sempre relacionado ao passado. Temos medo quando estamos conectando nossa mente com o que vimos nos outros, o que ouvimos e o que sentimos

BATALHA ESPIRITUAL

antes. No entanto, isso não significa que o que aconteceu com outras pessoas, ou mesmo com você, em um determinado momento, tenha que acontecer ou volte a acontecer.

Os medos são meramente lembranças e percepções de dor, emocional ou física, que não precisam ter, e não devem ter, nenhum efeito sobre sua condição atual.

Como Enfrentar Seus Problemas Espirituais

Por que temos problemas? Porque no planeta Terra, você cresce com seus problemas. E toda vez que você cresce até um certo ponto, novos problemas são atraídos para você e, naturalmente, para corresponder ao seu novo nível espiritual.

Muitos outros disseram que a Terra é um planeta prisional. E embora as razões que justificam essa verdade sejam demasiadas para explicar em um único capítulo, ou mesmo livro, o fato é que todas, ou pelo menos quase todas as almas, hoje na Terra, foram colocadas aqui para evoluir.

A única maneira dessa evolução ocorrer é se forem pressionadas contra a sua vontade. E, especialmente, se essa evolução, quando aceite, as favorecer; motivo pelo qual você não pode ser rico, a menos que siga os princípios e leis que governam a riqueza, nomeadamente, associados à felicidade, auto-estima e comportamento moral.

No entanto, você não pode fazer amizades com os mesmos princípios que o enriquecem, porque nem todas as almas podem entender valores que se conectam a uma alta auto-estima e uma existência significativa.

De fato, quanto mais evoluído você está, espiritual e financeiramente, mais verá o atrasado das massas, quão profundamente e mentalmente doente está a vasta maioria da população na Terra: "Quando alguém desperta para a verdade, verifica que aqueles que considerava seus semelhantes, que antes considerava pessoas normais, não são normais, mas anormais. Mas isso só acontece quando alguém desperta. Quando alguém está dormindo, acredita ser normal e pensa que todo mundo ao seu redor também é normal, mas quando alguém desperta, com profunda dor, verifica que está em um asilo, no qual todos são loucos" (Samael Aun Weor).

O Planeta Terra não passa de uma escola virtual de autodesenvolvimento. O mundo material nada mais é do que uma ilusão colocada diante de nossos olhos, para expressar nossa mente subconsciente, relativa às nossas muitas vidas e preexistências como almas, a fim de nos forçar a curar, melhorar e desenvolver.

"Quando desintegramos o ego, a consciência desperta e a mente se torna normal. E só então percebemos que estávamos em um hospício, ou que ainda estamos em um hospício" (Samuel Aun Weor).

Então, por que você não pode terminar com a pessoa que tem agora num relacionamento, mas sabe que não é boa para você, ou acabar com amizades e relacionamentos tóxicos em geral? Bem, porque lhe fornecem companhia, e você teme a solidão, porque em um relacionamento você também recebe sexo e outras formas de validação, emocional, social ou física; e você não tem tempo, energia, confiança e fé para procurar outra pessoa e recomeçar de novo, porque tudo isso faz você se sentir parte de uma sociedade e não gosta de se sentir desapegado e discriminado.

Repare, tudo, absolutamente tudo o que você não é capaz de desafiar em si mesmo, será desafiado pelo mundo exterior. E esse mundo chegará a você na mesma velocidade em que você tenta superá-lo.

É, de alguma forma, uma batalha perdida. Mas podemos vencer? Sim, cooperando com o mundo e aprendendo sobre suas regras, mesmo que existam dois mundos em um: o mundo do espírito e o mundo concebido pela mente humana como um coletivo.

Como Vencer na Vida com Fé

A mensagem que a Bíblia nos ensina, através das palavras do próprio Jesus, é muito clara: "Permaneça firme, e você ganhará a vida" (Lucas 21:19).

Para permanecermos firmes, é preciso acreditarmos que seremos vitoriosos no final, o que não é possível sem uma rendição completa a Deus em fé. Essa fé surge da vontade de alcançar um certo resultado, que podemos imaginar em nossa mente antes de vê-lo no mundo material. Portanto, a fé deve ser acompanhada de vontade, persistência, resiliência e crença.

A maioria das pessoas vive sem objetivos, sem saber claramente o que quer, com mais medos do que objetivos. Têm tanto medo de perder o que têm, que nunca se arriscam com o desconhecido.

Estas pessoas não podem deixar o filho com a avó durante um tempo, ou vender seu amado cachorro para outra pessoa, ou sair da casa onde choraram muitas lágrimas, ou abandonar seus amigos e fazer novos, ou vender o carro e simplesmente caminhar. Não podem desistir, porque investiram demais. E a única maneira de investirem em algo novo e abandonarem seus antigos investimentos, é se esse sonho, esse objetivo, for muito maior que a vida presente, mais extraordinário que a própria vida; ou, como costuma acontecer, se não tiverem mais nada a perder, porque a vida já lhes tirou tudo.

Por que você acha que as pessoas assistem filmes, se não para escapar de sua realidade? Se sentem tão oprimidas e humilhadas, que apenas super-heróis, programas de comédia e histórias super-dramáticas de outros podem fazê-las esquecer as suas.

Algumas pessoas se sentem tão desesperadas em suas vidas e dramas, que apenas assistir a palestras sobre os dramas de outros pode ajudá-las a se sentirem melhor. Sim, porque sempre é melhor saber que alguém piorou na vida, alguém sofre mais, alguém morreu enquanto você ainda está vivo. Essa consciência, mesmo que negativa, parece confortável para muitos.

É assim que, indignado, escuto algumas pessoas me dizerem que sou muito negativo, quando as forço a enfrentar seus problemas e suas necessidades, o que de outra forma nunca farão, porque são fracas demais para evoluir. Pois, veja bem, a negatividade não está no que você recebe, mas na maneira como lida com isso.

Na realidade, as pessoas negativas não são aquelas que têm problemas ou falam sobre os problemas, mas aquelas que não podem enfrentá-los, não querem ouvi-los e são irresponsáveis ou estúpidas demais para resolver seus próprios problemas. . Essas pessoas estão constantemente atraindo mais problemas e pressionando outras pessoas, o que é o mesmo que dizer que são como um navio afundando, jogando sua água nos navios ao seu redor. Elas suprimem outras pessoas, com sua estupidez, imaturidade e irresponsabilidade. E não se consegue muito em ajudá-las, pois são especialistas em anular essa ajuda, fazendo-se parecer muito pior do que antes.

Não é por acaso que, depois de um tempo, acabamos visitando-as em um hospital, ou terminando em um hospital, por causa do que elas fazem conosco.

Pessoas verdadeiramente negativas, diminuem sua auto-estima, deixam-no mentalmente fraco e destroem seu sistema imunológico por dentro, com ansiedade e estresse. Por causa delas, você acabará tendo mais problemas no trabalho e em seu ambiente social. Por causa delas, você terá mais doenças e gastará mais dinheiro com terapeutas.

Enquanto, elas sorrirão alegremente para os outros e lhes dirão, pelas suas costas, quão doente e inútil você é; e que pessoa fantástica ela é, por tolerar você e suas fraquezas patéticas, por ser sua amiga quando você não tem mais ninguém, e por visitá-lo no hospital por causa do que fizeram.

Eu tive mais brigas com outras pessoas e mais acidentes dentro de um ano num relacionamento com uma mulher narcisista do que já tive durante toda a minha vida, incluindo na minha infância. Nem mesmo um acidente com uma bicicleta perto de uma estrada, que quase me matou, depois que a narcisista idiota começou a gritar como a louca que ela é, foi suficiente para merecer um pedido de desculpas. Porque nem mesmo sua morte merece alguma empatia de um narcisista.

BATALHA ESPIRITUAL

Pelo contrário, pode muito bem fazê-los sorrir e sentir-se mais confiantes em sua mente distorcida, e justificar seus discursos psicopáticos e manipulativos.

Como a Luxúria Corrompe a Alma

O amor é uma armadilha na qual sempre caímos com luxúria. Mas, como nas amizades, nossos relacionamentos devem se basear nas qualidades que encontramos nos outros. Não devemos procurar um parceiro para nos agradar social ou sexualmente ou de qualquer outra maneira que possamos visualizar.

De fato, é porque projetamos muitos de nossos desejos imagináveis para outra pessoa que muitas vezes somos enganados e decepcionados.

Se você deseja atrair um bom amor, deve olhar dentro de seu coração: como essa pessoa faz você se sentir? Ele ou ela está tentando fazer você se sentir respeitado? Feliz? Em paz? Aceite? Compreendido? Escutado? E mais: como essa pessoa reage às suas fraquezas? Tenta ajudá-lo, não machucando você, ou aproveita isso para controlá-lo e machucá-lo ainda mais?

Você pode ver como as pessoas são amáveis, olhando para o desejo de ajudá-lo na vida ou magoá-lo. A motivação delas mostrará suas verdadeiras intenções, pois ou são para melhorar sua vida, our para o prejudicar.

Pessoas egoístas, sem empatia e necessitadas de suprimentos narcísicos, serão como vampiros em sua vida, pois não têm nada na delas. O vazio delas é compensado sugando sua atenção, seus objetivos na vida e sua capacidade para controlar sua vida, sua autodisciplina e seu potencial para fazer mais. Elas são atraídas pelas suas qualidades, pois procuram destruí-las devido à inveja. E assim, o que admiram e odeiam é o mesmo, levando-as a nunca ter um relacionamento normal com ninguém.

Na verdade, elas não apenas invejam você, mas também criticam seus melhores atributos. Elas também terão prazer em humilhá-lo em público, pois isso diminui o seu valor através delas, à medida que ganham mais valor espelhando o seu, ou seja, sua aparência, seu trabalho, seu status social e assim por diante.

Para escolher um bom parceiro, você precisa de muito tempo. Cometer erros, é fácil e rápido. Mas se deseja encontrar um bom cônjuge, precisará cultivar uma amizade que pode falhar a qualquer momento. E é melhor cultivar várias amizades com o sexo oposto para evitar o desgosto e também para melhorar o seu valor social.

Aqueles que vêem você sendo valorizado pelos outros, sem se deixar entregar facilmente, irão valorizá-lo mais. Saberão que você não é fácil, ou facilmente enganado, que tem alta demanda e altos requisitos; mas também saberão que precisam se esforçar para alcançar você.

Esta competição emocional funciona tanto a seu favor como também a favor deles, pois se tornam pessoas melhores para você, do mesmo modo que serão para qualquer outra pessoa e até para si mesmos; pois não há nada mais sedutor do que um ser humano que se aprimora continuamente, moralmente, intelectualmente, socialmente e emocionalmente, tornando-se mais maduro e também mais responsável consigo mesmo e com os outros.

No seu caso, é uma maneira de preparar seu futuro cônjuge antes mesmo de começar um relacionamento. Ou seja, na competição para conseguir você, estar à frente dos outros, eles o estudam mais rápido, entendem suas necessidades e tentam ser o melhor que podem, evitando assim todas as divergências futuras, que são tão comuns aos parceiros que não se conhecem bem. Isso permite que inicie um relacionamento saudável desde o início, baseado em harmonia, acordos comuns e objetivos comuns — uma verdadeira parceria.

Entretanto, aqueles que tentaram atraí-lo para usá-lo, verão que têm que trabalhar demais em suas táticas manipulativas e o deixarão rapidamente, antes que sofra na revelação de quem são.

A Importância da Confiança no Amor

Se você conseguir confiar inteiramente em um parceiro, e isto depois de encontrar o parceiro certo, se o escolheu entre muitos, terá um relacionamento no qual o amor pode crescer facilmente, pois estará enraizado na confiança e no compromisso.

A partir daí, você pode ficar rico, construir uma família saudável e continuar a se desenvolver, e mais rapidamente, prosperando na vida.

O oposto, um relacionamento baseado em atração física e sexo, é sempre um relacionamento fadado ao fracasso, com muitas dificuldades espirituais, conflitos e ressentimentos. Simplesmente, porque é baseado em necessidades primárias.

Neste caso, o desequilíbrio químico entra em conflito com a mente, e isso leva a extremos de ódio e luxúria, na forma de desejos egoístas extremos manifestados e projetados de um para outro.

É nessas situações que o diabo pode interferir para destruir duas pessoas ao mesmo tempo.

É por isso que os relacionamentos baseados na luxúria, que são a maioria nos dias de hoje, são tão caóticos, tão apaixonados e tão intensos.

Costumamos chamar essas relações de amor verdadeiro, e realmente acreditamos que seja esse o caso, porque são muito dramáticas e intensas e muitos filmes as retratam, reforçando ainda mais essa idéia. Esta é a razão pela qual tantas pessoas pensam que estão vivendo como deveria ser o verdadeiro amor. E, no entanto, isso não poderia estar mais longe da verdade, pois tais relacionamentos são anormais e prejudiciais à saúde e criam uma cicatriz espiritual, enfraquecendo nosso potencial de nos sentirmos confiantes em nossas decisões.

Aqueles que são prejudicados dessa maneira tendem a buscar mais validação, envolvendo-se ainda mais em desejos luxuriosos, em dormir com estranhos; e é por isso que enfraquecem seu próprio espírito ainda mais, até que estejam completamente perdidos, nas garras do mal.

DAN DESMARQUES

Tais almas, incapazes de descansar, de paz, com infinitas noites sem dormir, acabam sucumbindo ainda mais profundamente à energia escura dentro delas; e estas são as mulheres que desesperadamente convidam qualquer estranho para uma noite de sexo, apenas para poder dormir, para diminuir o volume das vozes em sua cabeça; ou os homens que pagam qualquer quantia em dinheiro para dormir com prostitutas.

Podemos Mudar os Outros?

Você não deve esperar uma mudança em alguém que ainda não percebe a necessidade dessa mudança, uma pessoa que ainda não descobriu sua identidade ou muito menos obteve o reconhecimento de erros passados.

Como isso pode acontecer se tal pessoa ainda não sofreu nenhuma consequência? Enquanto um indivíduo tiver amigos, um emprego, muito dinheiro em sua conta bancária, muito álcool para desfrutar e diversão, e festas nas quais participar, para se alegrar em ser quem é e evitar a consciência das consequências de ações passadas, e decisões erradas, essa pessoa nunca mudará. De fato, quanto mais conflitos houver em um relacionamento, menos uma pessoa quer mudar. Ao ter tudo isso, mais ela quer ser ela mesma e reafirmar sua posição, e mais ela deseja se divertir, trair e se viciar em drogas ou álcool como uma maneira de escapar dos conflitos, pelo menos mentalmente.

Em outras palavras, os conflitos reforçam as diferenças e negam as mudanças.

A única maneira de forçar uma pessoa a mudar nesses casos é através do abandono total e completo. Mas como essa pessoa pode mudar, quando o abandono reforça um vazio ainda maior, com o qual ela não consegue conviver, e corre para preencher substituindo esse mesmo vazio pela atenção de um novo parceiro que procurará desesperadamente? Quanto mais vazia alguém é, mais depressa ela opta por dormir com outra pessoa. Porque não estará pensando em um compromisso de longo prazo quando estiver desesperada por preencher um vazio dentro de seu coração.

Pessoas que sofrem mental, emocional e espiritualmente não podem ter um padrão de pensamento que se concentre em decisões ou consequências a longo prazo. O conjunto de seus padrões de vida e comportamentos é baseado em uma ansiedade permanente em relação ao agora. E é no agora que tomam todas as decisões. É por isso que parecem ser tão imaturas e irresponsáveis. Têm experiência de vida e inteligência, e bastante, mas apenas no que diz respeito a satisfazer desejos imediatos; e isso, obviamente, inclui experiência em manipulação, lendo outras pessoas, gratificando-as sexualmente, escapando da verdade, roubando e mentindo.

Quando estas pessoas não estão fazendo tudo isso, ficam obcecadas com as mídias sociais, fofocas ou videogames.

Dentro da necessidade desesperada do prazer e do escapar de uma reação emocional, as pessoas agora têm tanto medo da introspecção, que encontram rapidamente novos parceiros, em vez de trabalharem nos relacionamentos atuais; até seus amigos idiotas passam a mesma mensagem irresponsável: "Esqueça isso! Comece de novo! Encontre outra pessoa!"

As pessoas podem parecer repetir a palavra "esquecer" como um mantra, como se esquecer as conexões emocionais fosse tão fácil quanto parece. Mas o que estão realmente fazendo com essa atitude é suprimir a dor emocional e negar responsabilidade sobre si mesmos — duas coisas que mais tarde voltam com um impacto emocional em seu futuro, levando a ainda mais dor e menos consciência — uma consciência mais baixa, buscando se autodestruir. E qualquer cultura, nação ou grupo que possua valores errados promoverá exatamente isso, através da maioria daqueles que a representam.

Por que a Introspecção é tão Importante?

Atualmente, a teoria social de que você deve esquecer e seguir em frente permeia toda a sociedade, mas nega responsabilidade e introspecção, promovendo promiscuidade e depressão. E é por isso que quanto mais as pessoas falham, mais elas continuarão falhando. E, na verdade, existem mais fracassos nos países onde as taxas de suicídio são mais altas, porque é isso que é o suicídio — auto-reconhecimento do fracasso, mesmo sendo falso na maioria das vezes, promovido por uma sociedade como um todo, que deseja destruir qualquer coisa boa que entra nela ou se desenvolve a partir dela.

Você só precisa observar os valores e padrões promovidos por esses países para ver por que isso acontece.

A Lituânia, por exemplo, frequentemente número um nas estatísticas mundiais de suicídio, é conhecida por ter as mulheres mais promíscuas, a sociedade mais competitiva, os níveis mais altos de racismo e xenofobia, e o mais alto nível de consumo de álcool e maconha, além de discriminar quem não se parece como um local, com olhares constantes nas ruas, para fazer com que qualquer estranho se sinta desconfortável. Os locais até dão encontrões deliberados nos ombros das pessoas de outros países que passam por eles na rua, para as fazer sentirem-se indesejadas.

Os níveis de agressão, diretos ou passivos, sobre qualquer elemento estranho ao país, são tais, que muitas vezes me questionei se os habitantes eram mesmo humanos. Pois parecem mais um bando de zumbis de um filme de terror.

É impossível, para qualquer ser humano que se considere normal, entrar neste país e, depois de se sentir assediado de manhã à noite com total grosseria, não começar a odiar estas pessoas e desejando sua completa aniquilação da face da Terra. Qualquer país vizinho, como a Polônia ou a Ucrânia, pode imediatamente fazer você se sentir muito melhor consigo mesmo, simplesmente por estar lá, dentro de suas ondas de energia.

Então, o que você pode fazer em relação a estas pessoas? Deixe-as consigo mesmas e deixe-as falhar.

De fato, se você está em um relacionamento com alguém assim, não há mais nada a fazer além de observá-los à distância e se machucar com a rapidez com que o substituirão por alguém que possa, muito provavelmente, parecer inferior a você, em compaixão, atratividade e até empatia.

Eles estão sempre procurando suprimento de energia. E, portanto, essa é uma reação, e uma escolha, normal para alguém que está desesperado por não estar sozinho, para evitar a dor da introspecção e do sofrimento, através do arrependimento de decisões passadas.

Você se sai melhor sofrendo sozinho e investindo em suas próprias mudanças, cultivando a solidão. E com isso, não quero dizer necessariamente estar sozinho, mas socializar, conhecer novas pessoas, abrir seus portões mentais para interações sociais, fazer novos e melhores amigos. E quando chegar a hora, comece a cultivar possíveis futuros cônjuges. E digo isto no plural, porque sempre se machucará, se estiver concentrado em uma única pessoa que provavelmente irá decepcioná-lo.

Então, ao observar todos eles e vê-los crescer, de um estranho para um bom amante, você os conhecerá melhor, até o momento em que poderá selecionar a flor mais saudável e mais bonita em seu jardim de interações sociais.

O mesmo princípio se aplica também às suas amizades, porque a maioria das pessoas que encontra não são as que estarão com você ao vê-lo ter sucesso. A maioria das pessoas tem demasiada inveja dos outros para fazer isso. Porque a maioria da sociedade tem uma mentalidade de escassez e nega admiração àqueles que têm mais do que eles.

O ponto de vista tribalista da maioria, faz com que desejem associar-se apenas àqueles que são semelhantes a eles, em valores e posses, ou àqueles que podem lhes oferecer algo.

Como Escolher Seus Amigos

As melhores pessoas que você encontrará na vida não precisam de muita mudança, porque já mudaram o suficiente para serem grandes amigos e companheiros. Eles já querem amar você. E assim, como equipe, você poderá enfrentar qualquer adversidade futura. E essas adversidades só farão os dois mais fortes.

É realmente uma perda de tempo discutir com um tolo, porque os tolos sempre negam qualquer lógica, ignoram a razão e basicamente se orgulham de seus esforços para educá-los, como se, ao fazer isso, estivessem se posicionando acima de você.

Não há realmente nenhuma maneira de vencer uma discussão com um tolo. É por isso que eles são tolos. Os estúpidos não conseguem se livrar de sua mentalidade estúpida, e é por isso que são estúpidos.

Tolo, eu diria, seria esperar o contrário, pois é melhor isolar essas pessoas e deixá-las ser ignoradas por todos. Isso, até que a sociedade evolua o suficiente para vê-los como possuindo uma doença mental grave e decida segregá-los em um hospital psiquiátrico; o que, neste caso, faria da Lituânia, muito provavelmente, o maior hospital psiquiátrico na Terra.

Tais países, como a Lituânia, fazem com que a decadência de qualquer nação, durante qualquer momento da história, pareça, não apenas normal, mas necessária, do ponto de vista evolutivo; pois que diferença faz, se um exército rebelde invade um país, quando as mulheres desse país se prostituem voluntariamente e como prioridade aos estrangeiros que o visitam? Que diferença faz, se um país foi privado de conhecimento por séculos, se, ao ter livre acesso a este, a população o ignora com alegria em favor de seus discursos arrogantes e cheios de imbecilidade? Que diferença faz, se um país expulsou seus gênios e pessoas de cultura, se, quando um destes entra no país, é tratado com desprezo, ciúme e ódio? Que diferença faz, se um país foi privado de acessar o resto do mundo legalmente, preso dentro de suas fronteiras, se trata seus imigrantes com desrespeito, olhares hostis e comentários racistas?

DAN DESMARQUES

Que diferença faz, falando seriamente, se este país for bombardeado, e desparecer dos livros de história como se nunca tenha existido?

Devemos pagar o preço, como um coletivo, pela tremenda ignorância, falta de respeito pela humanidade e falta de civismo de algumas nações da Terra?

Aposto que muitas raças alienígenas estão se perguntando a mesma coisa ao abordar o problema da estupidez humana na Terra. Pois, toda vez que, em toda a nossa história humana, era permitido que uma nação permanecesse no escuro por muito tempo, ela acabou liberando sua escuridão para o mundo da pior forma possível. E assim, não me surpreenderia se essas nações pudessem, não apenas apoiar uma guerra mundial, mas promovê-la e até começar.

Tenho a certeza de que os lituanos seriam idiotas o suficiente para se orgulharem de ser o primeiro país europeu a lançar um míssil contra a Rússia, em nome da América do Norte, e iniciar a Terceira Guerra Mundial. O fato de terem orgulho em ter a OTAN usando seu país para ações militares mostra isso.

Sempre devemos esperar os atos mais imbecis das pessoas mais imbecis e "nunca subestimar o poder de pessoas estúpidas em grandes grupos" (George Carlin).

Podemos Mudar o Mundo Físico?

O desafio em construir uma vida de sonho surge da diferença entre esse sonho e a realidade, a vida que você vive e a vida que os outros imaginam para você, ou que vêem como verdadeira para você.

A maioria das pessoas não entenderia seus sonhos, e quanto mais estes se afastam da realidade que percebem para você, mais absurdo e lunático você parecerá a eles. É por isso que nenhuma grande idéia jamais passou pelos filtros mentais das massas e pelo que consideram como estando certo ou errado.

De fato, se a maioria das pessoas tem expectativas muito baixas em relação a você e a elas mesmas, só podem processar fracasso em sua mente, sempre que você falar sobre seus planos em alcançar algo além do que concebem como possível.

Então, como poderá reforçar a energia usada no seu sonho?

Bem, primeiro, pode parar de falar sobre isso com outras pessoas, porque elas sugam a energia desse sonho com suas expectativas negativas. Depois, pode parar de dar às pessoas razões para julgá-lo negativamente. Sim, as conversas são inúteis quando não há nada a dizer, mas a maioria das pessoas não quer ouvir sobre seus sucessos ou planos; elas querem dar atenção às suas falhas.

A maioria das pessoas é invejosa e egoísta e não quer nada além de ver os outros abaixo de suas capacidades, a fim de se sentirem melhores consigo mesmas. E, portanto, se você não pode falar com elas sobre sucesso, também não deve falar sobre mais nada.

A solidão é algo difícil de aceitar, especialmente nos países ocidentais. O mundo evoluiu a tal ponto que só podemos encontrar companhia entre as classes mais baixas da sociedade, ou sonhar sozinhos, como um lunático em nossa casa. E, no entanto, esta tem sido a história de todas as almas bem-sucedidas, que cruzaram esta realidade e alcançaram reinos mais elevados, criando uma fortuna e um nome para toda a história conhecer. Seus anos de solidão, com os quais ninguém se importa agora, dizem muito mais sobre eles do que suas realizações, porque o que eles tiveram que suportar e como o suportaram é, de fato, a verdadeira razão por trás de seu sucesso.

Então, como você suporta a solidão, o fracasso e a depressão em seu caminho para o sucesso na vida?

Você não enfrenta isso. E você não pode fugir disso. Você só pode aceitá-lo como parte da vida. E talvez precise ouvir power metal motivacional e música épica todas as manhãs para sair da cama, talvez precise ouvi-lo antes de adormecer, talvez precise ter seus fones de ouvido o tempo todo e, talvez, apenas talvez, você precise criar seus próprios amigos imaginários, coletando discursos do youtube e ouvindo-os todos os dias, como se estivesse conversando com essa pessoa no vídeo, entrevista, podcast ou áudio, como se esses fossem seus melhores amigos. Porque é melhor ter amigos imaginários conversando com você sobre vida e sucesso, do que ter amigos de verdade tentando destruir sua vida e a procurar enviá-lo para um abismo mais profundo de inferno psicológico.

A maioria das pessoas vive nesse inferno mental todos os dias e sente isso mais profundamente ao acordar ou adormecer; mas nunca passa pela cabeça delas, que elas mesmas possam estando alimentando esse inferno, saindo e se associando às pessoas erradas, por medo da segregação social e discriminação, por medo da solidão. E assim, trocam sua solidão por uma violação completa de sua ética, trocam a amizade pelo valor próprio.

Será o Egoísmo Necessário para a Felicidade?

É um fato que a maioria das pessoas em nossa sociedade se comporta como parasitas. Querem alguém que possa lhes dar algo, um sentimento agradável, alguma aceitação, um pouco de amor, mas não podem dar em retorno e, com frequência, também não querem fazer isso. E a ilusão de viver com essas almas enquanto espera que elas percebam isso atrasa nosso próprio desenvolvimento.

O egoísmo não é um requisito para ser feliz, mas é sempre melhor quando você é egoísta ao lado da pessoa certa, em vez de ficar absorvido em pensamentos de ódio provenientes do desrespeito e ressentimento emergindo de alguém que deseja e espera que você falhe.

Uma mulher que diz: "Você não ganha dinheiro suficiente" nunca é melhor do que quem diz: "Farei o que for necessário para fazer você ter sucesso, para que possamos ser felizes juntos". E, no entanto, a primeira é basicamente uma pessoa interessada apenas em si mesma, que não merece nada da vida ou de alguém, enquanto a segunda é tão rara, que até imaginá-la falando parece um produto de ficção. Mas como um sonho pode ser vivido e como a vida pode ter esperança, sem imaginação?

É sempre uma surpresa acolhedora e agradável da vida quando a realidade mostra as possibilidades que apenas sonhávamos. Mas quantas vezes isso precisa acontecer? Quantas esposas ou filhos você precisa ter? Quantas casas você precisa possuir? Quantos Lamborghinis ou Ferraris você precisa em sua vida? O que você realmente precisa para reconhecer a felicidade e o seu oposto?

Veja bem, se você pode processar um sonho muito bom, já superou as limitações genéticas impostas a você.

A vida é tão curta que, se você contar com eventos aleatórios e os próximos anos, se seguir o fluxo e encarar a vida como uma jornada sem a necessidade de um forte compromisso, é mais provável que fracasse. De acordo com a velocidade com que o mundo se move, você precisaria de pelo menos trezentos anos para aprender com a experiência, fracassar, ajustar suas necessidades e requisitos, estabelecer novas metas, obter sucesso e, em seguida, seguir um plano para suas metas idealistas, que teria redesenhado com base em reconhecimentos anteriores. Mas não é isso que acontece, não é verdade? Quando você tem quarenta ou cinquenta anos, você termina, sem esperança, energia ou ambições.

Para manter sua fé, você precisa continuar visualizando seus sonhos. Sem visualização, não existem sonhos. Você precisa estar ciente do que deseja e pedir sem medo ou julgamento. Caso contrário, como pode obtê-lo?

Veja bem, se você não acredita em si mesmo, simplesmente não se esforça para corresponder às suas visões; você não terá as idéias, não procurará as pessoas que podem ajudá-lo e não sentirá ... e preste atenção agora ao que estou lhe dizendo: você não sentirá o que deveria estar sentindo ao ter isso; e, portanto, você não reconhecerá a emoção, a vibração que corresponde ao seu sonho quando ele se aproxima de você. Você provavelmente o repelirá.

É por isso que as pessoas tendem a ir a algum lugar e ficar aí, adaptando-se a situações que são "confortáveis" e "familiares" para elas, enquanto rejeitam tudo o que parece estranho, alienante e até desconfortável. Mas como você pode dizer a diferença entre o que é estranho e o que é simplesmente desconhecido, mas desejável, a menos que possa reprogramar sua mente, para sentir o que precisa saber primeiro como deve ser sentido?

Aqui está a chave para isso: você deve ser capaz de se imaginar no resultado desejado, antes de obtê-lo. E uma vez que você o obtenha, deve parecer déjà vu para você. Isso inclui a riqueza, o amor, as amizades e até as emoções futuras que você deseja experimentar.

Você nunca será feliz com sua vida até que possa se sentir feliz dentro de si primeiro e se imaginar feliz no futuro. E para isso, você precisa de imaginação. Quanto mais você luta com sua vida, física, mental e emocional, mais dedicado deve estar ao ato de imaginar uma realidade alternativa, mais precisará de um salto quântico, que só pode ocorrer nas circunstâncias descritas.

A diferença entre os mundos interno e externo deve ser tal, que você se torna independente da mecânica do mundo físico que o afeta, e isso significa não ter a necessidade de reagir a qualquer situação, por mais devastadora que possa parecer. Depois que possa fazer isso, passa no teste espiritual e, como prêmio

BATALHA ESPIRITUAL

de Deus, recebe um salto quântico — uma oportunidade que não pode recusar, tirando você da sua realidade atual para entrar em uma nova — a que você visualizou.

Como Evoluir Como Um Ser Espiritual

Nossa realidade é fundamentalmente sustentada por uma simbiose e não por uma luta competitiva pela sobrevivência. Todos temos pontos fortes e fracos e todos melhoramos aprendendo uns com os outros. Foi assim que a evolução foi possível, embora agora pareça que a evolução se transformou em uma escolha pessoal.

Uma quantidade muito grande de livros por aí são meras respostas repetidas, fornecidas há milhares de anos. Alguns pervertem as mensagens, muitos desviam as pessoas, enquanto poucos esclarecem a verdade. Mesmo eu, sozinho, não posso fazer muito por mim ou pelos outros. Mas fui guiado em direção a muitas respostas, e é isso que compartilho com o mundo. E isso, tanto quanto melhoro minha estratégia com a orientação Divina que me é concedida.

Cada pessoa é um caso particular e deve digerir minhas palavras do modo que parece adequado para a sua situação em concreto. E certamente, muitos nem sequer aceitam a mensagem, se não pareço o profeta que imaginam. É por isso que as representações de Jesus e Buda têm mais a ver com o imaginário das massas do que com a verdade.

Levando em consideração que Jesus era, muito claramente, e de acordo com as escrituras, um homem feio e de pele escura, de cabelos grisalhos, duvido que a larga maioria dos cristãos de hoje o levasse a sério, se o encontrassem em uma de suas congregações.

Não me considero feio, mas tenho a tendência de assustar as pessoas, principalmente quando não faço a barba, e ser confundido com um criminoso, parado em qualquer aeroporto em que queira passar, para sair ou entrar num país, e para "investigações aleatórias", como eles dizem, e também acusado de ser membro de uma organização criminosa onde quer que vá, e por qualquer motivo que possa justificar tal tolice na mente daqueles que não têm nada melhor para pensar, que não seja a própria estupidez em sua mente.

Essa loucura pode realmente ser útil quando entro em uma cafeteria e a maioria das pessoas a esvazia imediatamente, deixando-me com muitos lugares para escolher. Além disso, é realmente divertido notar que sempre estive muito mais perto de me tornar um membro das forças de segurança, do que qualquer outra coisa contrária a isso, ou que ainda esteja conectado a algumas das organizações religiosas mais importantes do mundo, com códigos e restrições morais muito rigorosos, que são, na verdade, constantemente supervisionados. Mesmo o fato de poder publicar livros espirituais, com base em uma grande quantidade de segredos bem guardados, teve que ser aprovado e foi, por causa da imensa confiança que depositam em mim, inclusive quando me pedem conselhos sobre o trabalho que realizam.

Além disso, posso me sentir honrado por ser frequentemente convidado a participar de reuniões privadas com os membros mais elevados na hierarquia de tais organizações, pois me ajudaram a entender minha verdadeira natureza mais rapidamente do que poderia sozinho.

Dito isto, posso apenas assumir que tenho uma energia, atitude e confiança que assusta a maioria dos seres humanos e criará um efeito pior no futuro, à medida que a diferença entre mim e o resto do mundo continua aumentando. Isso explicaria, pelo menos, por que, sempre que entro em uma loja, na Suíça, na Espanha e em muitos outros países, as pessoas tendem a olhar primeiro para as minhas mãos para ver se carrego uma arma e pretendo roubá-las.

Sempre vejo estes comportamentos naqueles que são muito pobres de espírito. E, no entanto, a maioria das pessoas que se intitula espiritual, geralmente tem considerações sobre o ser "boa pessoa", que na verdade são representações pobres e fracas da humanidade, a maioria das quais completamente desapegada do verdadeiro significado da vida em escala universal. E devo admitir que precisei de muito conhecimento para atingir um nível em que pudesse julgar adequadamente o estado das coisas na Terra, pois fiquei confuso durante muitos anos da minha vida sobre como observar toda esta situação.

BATALHA ESPIRITUAL

Curiosamente, agora sou frequentemente culpado por julgar, porque as massas estúpidas sempre serão estúpidas e têm medo de quem as vê em seu estado real. E é por isso que meus leitores se beneficiam tanto com meus livros, para se libertar dessa mentalidade de ovelha da maioria, que sempre estará se representando como é — uma seção autodestrutiva da humanidade.

Por que Deus Despreza a Maioria

A larga maioria das pessoas é desprezada por Deus por uma vasta quantidade de razões, e não merece a vida, muito menos vida eterna, que seria meramente um estado perpétuo de decadência para essas almas.

Elas não têm os atributos mínimos para estar no estado do que poderia ser rotulado como humano. E é por isso que os atos de amor nos animais nos surpreendem tanto. É assim, porque não os vemos mais entre os humanos, não com tanta frequência quanto os vemos em mamíferos ou mesmo répteis.

Torna-se óbvio, por todas as razões mencionadas, que você encontrará em meus escritos um estágio de espiritualidade que aparece muito acima de todas as religiões da Terra, pois se destina a conectá-lo aos reinos mais elevados, aqueles que vibram com o vida de outros planetas, e para a qual você deve ascender, se realmente deseja continuar evoluindo como um ser espiritual. E, no entanto, pela descrição da minha própria experiência de vida, deve ficar claro também que você não chegará a esse nível sem pagar o preço final, pois será odiado e perseguido pela grande maioria, incluindo aqueles em quem você deposita hoje seu amor e confiança, pois muitos deles certamente o trairão, depois que você vibrar em um estado mais elevado.

"Todos os que desejam viver uma vida piedosa sofrerão perseguição" (Timóteo 3:12).

É isso que lhe ofereço, pois é a razão pela qual estou aqui, e a razão pela qual escrevi tantos livros como o que você está lendo agora. Pois também paguei o mesmo preço ao abdicar da necessidade de possuir uma casa ou um país, enquanto viajava pelo mundo entre várias nações com nada além do essencial.

Levando em consideração minha necessidade de me sentir amado, respeitado e apreciado, bem como minha natureza social e extrovertida, não posso dizer que essa jornada tenha sido mais do que traumática e extremamente difícil em todos os níveis nos últimos dez anos. Mas também sei que isso está me transformando no líder que o mundo precisa, e não no que gostaria de ser ou quem gostaria de ser.

De fato, sei que teria mais liberdade para fazer muitas outras coisas, em outros campos, em vez de sacrificar todo o meu tempo escrevendo, se o mundo não estivesse próximo do fim e precisando de minhas palavras, para fazer a seleção final de quem deve ser resgatado do armageddon final.

Não seria correto dizer a você que sou superior a você ou seu guru, mas é conveniente dizer que sou o caminho através da insanidade deste mundo.

Como Abraçar a Verdade Sagrada

Ler meu trabalho é mais que aprender, pois minha escrita possui mais que conhecimento; meu estilo de escrita vem em código e está sempre apresentado dentro de uma certa estrutura, baseada na geometria sagrada. Vou continuar fazendo isso, porque sou apenas um mensageiro. Eu não sou a verdade suprema, mas apenas um veículo para essa verdade. E essa consciência me mantém humilde.

É por isso que continuo me multiplicando em pseudônimos diferentes. Vou continuar fazendo isso até que este mundo tenha mudado o suficiente na direção do que vim fazer aqui.

Acredito que ninguém vai reparar em mim até partir, embora alguns maçons e rosacruzes, especialmente aqueles com quase 90 anos de idade ou mais, tenham notado claramente minha missão na Terra, e tenham me tratado com o respeito e consideração que nunca vi antes em nenhum outro lugar.

É impressionante como apenas alguns conseguem ver o que estou fazendo. Mas penso que a maioria precisaria de mais de trinta a cinquenta anos de trabalho espiritual para poder me ver como sou, e não como quem pareço ser. O mesmo se aplica aos cientologistas e a muitos outros grupos e cultos; embora, devo admitir, também os assuste com a quantidade de conhecimento que possuo. É engraçado como eles costumam dizer, "Você não deveria saber isso até estar no mais alto nível".

A maioria das pessoas nos grupos, religiões e cultos com a maior quantidade de informações e as mais impressionantes bibliotecas privadas, são tão sábias e, ao mesmo tempo, tão ignorantes. Pois lêem muito, mas vêem muito pouco.

Um de seus líderes até me disse em particular: "A cada mil anos, temos pessoas que vêm à Terra para compartilhar seus conhecimentos". E ele estava dizendo isso a um desses indivíduos, mesmo que não quisesse me apresentar a ele desse modo, ou ser percebido como louco ou arrogante.

Nessas situações, me divirto jogando jogos mentais: descrevo como essas pessoas são e os desafios que enfrentam na Terra, para testar e ver as reações.

É curioso como eles dizem a tudo: "Sim, é verdade"; e "Sim, eles fazem isso e experimentam isso"; concordando comigo em todas as coisas que digo sobre a biografia dos mensageiros e, não obstante, não percebendo, que entendo tudo tão bem porque também sou um deles.

Os seres humanos são verdadeiramente e incrivelmente impressionantes em quão estúpidos podem ser com tanto conhecimento. E, no entanto, estou preso aqui, como qualquer outra pessoa, condenado à imbecilidade de ter uma nacionalidade e um passaporte, e tendo que lidar com comportamentos que considero muito inferiores à minha natureza, e diariamente. Nem sei o que responder quando alguém me pergunta de onde sou. Eles ficam confusos quando digo que desprezo as pessoas do país onde nasci. Eles acham que não é normal insultar o povo de sua própria nação.

Oh, humanos! Tão enraizados em uma mentalidade tribalista pré-histórica.

Existe um longo caminho pela frente, antes que a humanidade na Terra possa transcender este estágio de evolução planetária; e muitas vezes sinto que estou preso em tempos pré-históricos, considerando tudo o que sei. Acabo preso, entre o que sei, meu espírito e meu corpo.

A parte animalesca de mim quer mais, e a parte espiritual quer paz, e algumas vezes simplesmente desisto e cochilo, para lidar com a pressão mental. Mas viajar me ajuda a me manter motivado, e é o que costumo fazer, para proteger minha estabilidade mental e me concentrar no meu trabalho. Porque o conceito de nacionalidade é uma doença mental, como a idéia de que alguém possui alguma coisa, inclusive o próprio nome; e assim, não há melhor maneira de escapar dessa irracionalidade do que se rebelar contra ela e aproveitar a vida como Deus queria para nós, ou seja, amando todo o planeta como um e a nós mesmos como um fluxo de abundância em constante transformação entre o interior — nossa personalidade fluida — e o exterior — os dons da experiência, quando experimentados livremente e com gratidão, guiados pelos sonhos honestos que emergem de dentro de nós.

BATALHA ESPIRITUAL

Dito isto, saiba que você não pode evoluir sem a capacidade de se colocar acima das massas. Pois eles são apenas zumbis — sem ter idéia do porquê no que fazem, ou pensam e sentem.

A consciência é reservada apenas para alguns. Falar com as massas é como administrar remédios aos mortos. E a maioria dos livros, porque são produzidos pelas massas para as massas, nada mais são do que pó ao vento. Nunca chegarão a nada relevante durante um período de mil ou dez mil anos.

Os livros reais que você deveria ler são aqueles que mudarão sua alma, como os que escrevo. É assim que você é capaz de progredir realisticamente. E saberá que isso é verdade, porque, como Jesus disse: "A verdade vos libertará". Ou seja, quando você estiver livre, verá todas as almas ao seu redor, presas em suas mentes, suas lutas e suas guerras espirituais, derrotadas e humilhadas, auto-absorvidas em seu sofrimento emocional. E somente quando puder reconhecer isso nas massas, você saberá que é livre. Somente então, você poderá ver quem é livre, e como são poucos em um planeta de bilhões.

Esta habilidade, necessariamente, fará de você um empata e, ao fazer isso, o ajudará a reconhecer como a hierarquia do mal é formada no planeta, e quem está sendo escravizado por esta, e por quais valores e crenças.

Tal capacidade, de ver as coisas como elas são, e não como parecem ser, mudará automaticamente seu campo magnético, que começará a atrair diferentes experiências em sua direção, o que o elevará mais rapidamente em direção ao seu novo e mais elevado eu verdadeiro.

Como Amar Seus Inimigos

Você não precisa amar as pessoas como elas aparecem para você. Pode amar a essência e o potencial subjacente em todas as almas. Saiba que viveram muitas vidas e estão no escuro, inconscientes de seu verdadeiro eu. Isso facilitará a compreensão das lutas que atravessam.

No entanto, nunca ignore a ameaça que representam para você com sua ignorância e falta de compaixão. "Não é preciso operar com muita malícia para causar grandes danos. A ausência de empatia e compreensão é suficiente "(Charles M. Blow).

Ao longo da história, revoluções violentas e opressão em massa foram materializadas, não pelas razões que aparecem em nossa mente ou pelas promovidas pelo sistema educacional e, em muitos casos, nem mesmo pelo que foi documentado, mas pela falta de empatia e a vasta quantidade de ignorância em muitos.

O fato de a maioria da população ainda não conseguir pensar por si mesma, e numerosos estudos em psicologia provarem sistematicamente que quase todo mundo sucumbe à pressão dos colegas e muda seus valores para corresponder à maioria, mostra que continuamos vivendo em um mundo de idiotas, onde a educação fez pouco ou nada para mudar o fato de que podemos nos aniquilar a qualquer momento, depois de convencidos disso pela mídia.

"Manipular um grupo de pessoas é mais fácil do que manipular uma pessoa. Pois a sociedade humana é como um ninho de insetos sociais. Buzz, buzz, buzz até que de repente o instinto da gangue entra em ação e é unânime. Zoom, eles vão em enxame... E então, ninguém quer ser pego perto de alguém a quem o mal está apontando. Os pais traem seus filhos. Irmãos traem irmãs. Como as pessoas são assim, os cínicos podem explorar e manipular as pessoas como fantoches. En-masse mesmo. Um fato triste, mas verdadeiro" (Kathleen Krajco).

Estudei várias artes marciais e também ensinei muitas pessoas, incluindo policiais; e ainda tenho pessoas, o tempo todo, tentando me intimidar. E muitas vezes, realmente não sei o que fazer, porque a vida real não é como o que os filmes retratam. E, no entanto, sei por que as pessoas se comportam assim. Você vê, os seres humanos são criaturas fracas. A maioria das pessoas vive constantemente com medo, principalmente os homens. Eu sei disso porque posso senti-lo enquanto caminho pelas ruas de qualquer país. E a maneira como os homens lidam com seu medo, ou mesmo as mulheres, é provocando outra pessoa, que eles acham que não vai revidar. E assim, às vezes, você vê algumas criaturas patéticas, gritando com você, como se fossem donas da terra, ou constantemente olhando para você enquanto você passa, como se você não tivesse o direito de estar no mesmo lugar que elas.

Embora esses comportamentos degradantes e incivilizados, que podemos ver em todo o mundo, sejam tipicamente vistos hoje em países como os Estados Unidos, Portugal, Espanha e países do Báltico, ou mesmo entre turistas da Grã-Bretanha e dos EUA que visitam outras nações — o que é ainda mais escandaloso, pois permeia esses tolos patéticos com uma aura de arrogância colonial — os lituanos são especificamente imbecis como cultura e um exemplo perfeito para demonstrar isso, nomeadamente, porque justificam tudo o que fazem com a opressão que sentiram da União Soviética, e apesar de hoje em dia ser mantida apenas por sua mente coletiva imaginária, alimentado-se da crença num inimigo hipotético que realmente não existe mais exceto dentro deles.

Agora, poderia contar muitas histórias sobre como reajo, pois, de fato, as artes marciais têm mais a ensinar sobre a mente do que sobre a luta. Lutar, eu diria, é o nível mais baixo de treinamento em qualquer arte marcial. Mas os mesmos princípios se aplicam à espiritualidade, pois o mundo material é o primeiro estágio apenas na transição para um estágio superior.

Assim, do mesmo modo que você muda sua realidade com percepções, também controla sua realidade com percepções.

Aqui ficam duas histórias reais que aconteceram comigo, para explicar melhor esses contrastes: uma ocorreu na Lituânia; uma mulher estava caminhando em minha direção com uma xícara de café nas mãos. Eu tinha minhas próprias mãos nos bolsos e olhei para ela, quando ela olhou para mim.

Nesse momento, sabia o que ela estava fazendo, pois estava ciente.

BATALHA ESPIRITUAL

Os lituanos gostam de jogar um "jogo de ousadia" e especialmente as mulheres, em que literalmente caminham em sua direção para forçá-lo a se afastar; é infantil, mas o que mais se pode esperar de uma cultura patética com pessoas patéticas?

Eles agem pateticamente, como crianças, o tempo todo, o que é um comportamento típico entre os que demonstram os níveis espirituais mais baixos. "A regra universal e antiga de cortesia não se aplica a eles. Eles se exaltam às suas custas. Em seu pensamento distorcido, ficar aquém do padrão comum de civilidade faz com que se sintam superiores. Porque obter um "F" faz com que uma pessoa seja superior a alguém que obtém um "A", certo?

Não podemos deixar de sentir, não apenas a depreciação, mas também a hostilidade nesse processo. Portanto, não é prudente ir contra nossos instintos e negar como esse tratamento nos faz sentir. É o mecanismo de defesa de uma pessoa patética e sem valor.

Eles reconhecem a existência de apenas seus animais de estimação, pessoas que eles treinaram para abanar a cauda e imitá-los. Todas as outras pessoas representam uma ameaça à sua frágil fachada.

A palavra mais importante aqui é ameaça. Eles são hostis a todos os que vêem como uma ameaça.

Ironicamente, ao tentar controlá-lo, as mesmas pessoas podem lhe apresentar um olhar insolente, mantendo um contato visual inadequado numa espécie de rebaixar social. Eles fazem isso na premissa de que fazer os outros parecerem ruins faz com que eles pareçam melhores por comparação" (Kathleen Krajco).

Em outras palavras, porque tenho uma energia forte e mostro confiança, sou constantemente provocado por aqueles cujo campo magnético mostra os níveis vibratórios mais baixos.

No entanto, neste caso em particular, se ela tinha um café nas mãos e me viu, e eu sou um homem, quem tinha mais a perder, eu ou ela?

Veja bem, o interessante a observar aqui, como no que diz respeito a qualquer envolvimento em conflitos com aqueles que os provocam, é que aqueles que o fazem, naturalmente, e devido a suas próprias limitações mentais, pela mesma regra, também não têm consciência de suas próprias fraquezas. E assim, continuei a andar enquanto ela caminhava em minha direção; e como esperado, bati no ombro dela e o café espirrou no chão.

Como também era esperado, ela começou a gritar comigo, como uma criança que acabara de deixar cair o sorvete. E eu continuei a andar. E foi quando ela veio atrás de mim para me parar.

"Venha ver o que você fez!", Ela disse, infantilmente, como se comparasse uma xícara de café a um acidente de carro; palavras que podem fazer a gente se perguntar se ela gostaria de ir com isso a tribunal e me colocar na cadeia por jogar seu café no chão; e, por outro lado, também palavras que retratam claramente o nível de imaturidade e o estado de irresponsabilidade que ela possuía, ou seja, sua neurose.

Não havia outra maneira de responder a uma mulher tão infantil do que falar com ela como se estivesse conversando com uma criança de cinco anos.

"O que eu fiz com você? Diga-me!", Eu perguntei calmamente.

Foi quando ouvi o impensável: "Você me empurrou e meu café caiu no chão".

Ela teve que formular algo que nunca aconteceu para justificar seu comportamento insano sem nenhuma justificativa fora de si mesma. E que isso possa ser uma lição para você sobre os seres humanos, pois fazem isso o tempo todo ao serem irresponsáveis.

Enquanto lidava, não apenas com uma pessoa imatura, mas também com alguém que sofria de uma doença mental, desta vez respondi de acordo com seu estado mental:

BATALHA ESPIRITUAL

"Como poderia empurrar você, se minhas mãos estavam nos bolsos? Na verdade, o que realmente aconteceu, é que eu estava andando calmamente, com as duas mãos dentro dos bolsos da jaqueta, como você vê agora, e você veio em minha direção e deixou cair seu próprio café; e, bem, isso é seu problema, sua culpa, sua responsabilidade e não minha. Você é uma mentirosa."

Ao ouvir isso, ela literalmente congelou, olhando para mim com seus olhos psicóticos bem abertos, como uma zumbi idiota. E foi aí que me afastei, enquanto ela permaneceu imóvel, como um robô com defeito, permanecendo no mesmo lugar.

Os maiores mestres em artes marciais sempre disseram que os melhores lutadores vencem sem luta, e aqui você tem um exemplo disso; eu venci com as mãos dentro dos bolsos da minha jaqueta o tempo todo.

Outra situação semelhante ocorreu semanas depois, na Polônia. Eu estava tomando café da manhã com uma amiga que veio me visitar por um fim de semana, e um garçom interrompeu minha conversa com ela para tirar as coisas da mesa.

Fiquei irritado com seu comportamento, olhei para ele e disse: "Você deveria dizer 'com licença' primeiro, e não apenas interromper as pessoas desse modo"; e ele entrou em um discurso psicótico, de culpar, criar desculpas, se justificar a ele mesmo, e assim por diante, circulando suas palavras em todas as direções, enquanto eu o observava em silêncio e, eventualmente, comecei a sorrir com sua loucura.

Ele deve ter sentido como se seu pequeno ego tivesse sido ferido. E aqui temos novamente um outro cenário de infantilidade. Pois, a maioria das pessoas, especialmente quando são rudes, está sendo infantis e dramatizando a infância.

Por isso, fiquei olhando para ele o tempo todo, sorrindo enquanto ele falava, porque sabia que estava lidando com uma criança, e não um adulto.

Agora, ele era muito mais alto que eu, mas ignorei isso totalmente, porque não tinha medo. E depois que seu discurso terminou, ele começou a se desculpar repetidamente e se desculpou cerca de sete vezes antes de ir embora.

Houve outras situações em minha vida em que gritei para as pessoas e elas responderam como crianças: "Por que você está gritando comigo?"

É o mesmo trauma infantil. Porque você vê, a maioria das pessoas está mentalmente presa num estado de criança. É por isso que dizem que as ofendo quando as forço a sair desse estado mental.

Foi esse o caso de uma das minhas amigas, quando lhe disse: "Se eu precisar enviar trinta mensagens explicando por que você deve me respeitar, talvez não esteja lidando com uma mulher e talvez você deva ingressar em um clube de jardim de infância para aprender com os contos de fadas o que é o respeito."

Mais uma vez, e também nessa situação, como nos casos anteriores, ela entrou em um discurso psicótico, de culpas e justificativas, antes de finalmente começar a enviar mensagens com carinhas sorridentes e a perguntar por que ainda estou falando com ela.

Se trata, basicamente, da criança perguntando ao adulto: "Você ainda me ama depois do que eu fiz?"

O Pensamento Infantil de Muitos Adultos

A maioria das pessoas cresce apenas fisicamente, em corpos adultos, enquanto pensa que o amor é concedido. Eles não querem merecer isso. Eles nunca aprenderam a merecer o amor. E então se perguntam por que todos os seus relacionamentos desmoronam.

Creio ser muito difícil lidar com a maioria do mundo, mesmo viajando muito. O conhecimento não me ajuda muito nisso, porque, veja bem, não faz sentido enviar trinta mensagens para alguém que não sente empatia e não consegue entender amor ou respeito. É como falar grego com um mexicano. As pessoas vêem isso ou não vêem. E é por isso que costumo ser mais seletivo com quem me rodeia e expansivo para conhecer novas pessoas.

No entanto, passo muito do meu tempo sozinho, devido ao fato óbvio de que a maioria das pessoas simplesmente não é adulta, mas crianças pequenas em corpos adultos, incapazes de racionalizar normalmente ou apreciar interações de maneira saudável.

Dito isto, é fácil amar as pessoas quando você não sente remorso por ter tido conversas racionais, quando não se sente culpado por proteger sua integridade e valores pessoais, e quando reconhece que elas não estão realmente conscientes de si mesmas, ou são capazes de entender as interações sociais em um nível maduro, mas puramente egoísta, como uma criança pequena pensando que o sol e as estrelas existem apenas para satisfazer suas necessidades.

Isso não significa que você as deva amar pelo que elas mostram, ou que tenha que amar o potencial abaixo do seu nível de consciência, mas antes que você é proveniente de um lugar de mais amor e abundância.

Depois de fazer isso, não temerá situações antagônicas e não odiará os outros, mas estará simplesmente consciente. Porque existe uma grande diferença entre odiar as pessoas e odiar suas ações, odiar uma situação ou se odiar pela maneira como você reage, ressentir-se com um momento da sua vida ou deixá-la desaparecer como apenas mais uma lembrança do seu passado.

A maior diferença em todos estes casos é que você é capaz de continuar se amando; e se pode fazer isso, pode enviar amor a outras pessoas à distância, pode rezar por elas e pode até continuar compartilhando seu amor com aqueles que estão prontos para recebê-lo.

Por outro lado, se você permitir que a energia negativa dos outros possua seu espírito, começará a se odiar, a ressentir-se; e quando isso ocorrer, não poderá mais amar ninguém. Pois você estará em um estado de ódio.

Não se iluda pensando que pode amar sem sanidade. A sanidade sempre vem em primeiro lugar. De fato, "tentar deixar uma pessoa louca é apenas uma maneira de matá-la. Quando você faz isso com uma pessoa, você a mata como se tivesse atirando com uma pistola. E você faz isso com mais crueldade do que se a matasse a tiros" (Kathy Krajco).

É por isso que mencionei o tópico das artes marciais, pois, mesmo que seu objetivo final seja vencer sem luta, pode precisar lutar para proteger sua integridade, e não deve ficar com medo quando chegar esse momento.

Infelizmente, a verdade é que, quando alguém está testando seus limites, ela logo começará a entrar na sua zona de conforto, a fim de atacar sua estabilidade mental, sua sanidade; e se ele ou ela tiver sucesso, o próximo estágio é a violência física.

Muitas vezes, estas coisas, estes estágios como os descrevi, ocorrem e se manifestam em questão de minutos. Porque a ausência de resposta em tais situações — que muitas pessoas tendem a assumir como o comportamento ideal — acaba sendo percebida como fraqueza pelo agressor, estimulando, assim, o envolvimento no próximo estágio da violência.

Quando isso acontece, muitos de nós sucumbem ao medo. Porque "o medo é um estado de imperceção, o medo é uma relutância em confrontar. Se alguém não pode confrontar algo, também não pode tomar consciência. E então, se alguém não está disposto a confrontar, não saberá o que está enfrentando, e não pode ver o que está à sua frente, e então pode sonhar com essa miragem chamada "a crueldade do homem" (L. Ron Hubbard).

BATALHA ESPIRITUAL

É a falta de vontade em enfrentar nossos problemas que nos torna insanos e negativos em relação a nós mesmos e ao resto do mundo.

Como Proteger Sua Alma

Este mundo, em seu estado atual, não nos apresenta muitas opções, se queremos manter nossa sanidade.

No meu caso pessoal, e como escritor de tantos livros, a sanidade é o meu Santo Graal. Minha mente tem que estar em perfeita forma para que possa trabalhar tanto, de forma tão clara e tão rápida, de segunda a domingo, ou caio em depressão; ou pior, como em estar terrivelmente doente e ficar deitado na cama por vários dias, como foi o caso antes, quando estava ensinando estudantes universitários e tendo minha energia vital drenada do meu corpo em todas as aulas. Levaria uma média de três dias para me recuperar disso.

Felizmente, estava trabalhando apenas uma média de três dias por semana, pelo que consegui suportar essa situação por alguns anos, antes de decidir me tornar um autor em tempo integral e abrir algumas empresas para poder viver sem precisar mais de um emprego.

Obviamente, é difícil ser adulto em um mundo de crianças pequenas em corpos adultos, nivelando-se durante o dia através da drenagem da energia dos outros. Mas é isso que é a realidade, e é o que enfrentamos neste planeta.

A maioria das pessoas não cresceu verdadeiramente e seu nível de consciência é extremamente limitado. Portanto, não se culpe pelo que acontece ao seu redor. Mesmo que isso afete sua auto-estima, não deve se culpar pelo que faz ou não faz. No final, sua sanidade é o que mais importa.

Sempre se concentre nas visualizações e no amor-próprio, e deixe o mundo ser o que é; pois não pode lutar sozinho contra todos, mas apenas ser você mesmo e proteger seu bem mais precioso — sua sanidade mental, ou, para ser mais preciso, sua saúde em geral e frequência energética.

Sempre que precisar enfrentar provocações, lembre-se de que está lidando com uma criança e não com um adulto. Pessoas verdadeiramente maduras não precisam competir com ninguém, pois são obcecadas por seus sonhos e apaixonadas por seu auto-aperfeiçoamento como um ser espiritual.

DAN DESMARQUES

Este planeta possui leis que podem ser vistas em nossas interações. Mas lembre-se de que referi anteriormente que a maioria das pessoas não sabe por que sente e pensa da maneira como sente e pensa, e tenta justificar seu comportamento para negar a consciência; e quanto menos espirituais forem, maior será a probabilidade de fazerem isso, e mais absorvidos por si mesmos vão estar, não vendo verdadeiramente os efeitos adversos de suas ações.

É realmente algo estranho de observar, até você entender isso comparando com o estado de auto-hipnose. Porque é, de fato, como se todos estivessem hipnotizados e a pensar que são apenas galinhas e suas ações, controladas por quem os hipnotiza, perfeitamente justificáveis.

Peço-lhe que simplesmente observe com que facilidade as pessoas são hipnotizadas por um profissional e levadas a pensar que são alguém que não são, para entender o estado da humanidade, pois é realmente um estado de hipnose em massa.

Dito isto, imagine apenas o que um maior especialista em hipnose, como um demônio, com milhares de anos de experiência em lidar com as fraquezas humanas, poderia fazer. Pois o que ele poderia, certamente é.

A Decepção no Ateísmo

Ateus e agnósticos tendem a ser extremamente neuróticos e psicóticos, devido precisamente às leis espirituais que os governam, quer estejam cientes disso ou não, quer acreditem ou não.

Eles são mais facilmente colocados em transe do que qualquer outra pessoa. E, portanto, mais facilmente controlados pela opinião de massa e pela mídia.

O que isso significa é que, o aspecto físico da realidade, é meramente a manifestação superficial de leis, que podem realmente ser estudadas a nível quântico.

Sabe-se, por exemplo, que quanto mais alto o estado de energia vibratória de um ser, mais este atrai seu oposto, tentando anulá-lo. E, portanto, também podemos dizer que nem todas as leis são necessariamente boas a nível individual. Esta, por exemplo, mostra-nos que precisamos evoluir como um coletivo; existe para negar contradições no mesmo plano.

Em outras palavras, precisamos ajustar nosso estado expandindo e não permitindo que seja suprimido.

Existem três maneiras de se expandir:

- Física, através do poder demonstrado, que também leva a uma energia vibratória reforçada, frequentemente manifestada em grupos, congregações e comunidades;

- Mental, com conhecimento e estratégia, ou seja, com o planejamento e melhor organização do seu tempo;

- Emocional, através do coração, e a qual ganha mais impacto com suas visualizações, sabendo que você é muito mais e maior do que suas próprias experiências.

A força combinada desses três elementos é relativamente fácil de aplicar se descartar suas necessidades egoístas e colocá-las de lado.

Por exemplo, eu geralmente trabalho de manhã, para evitar as massas no final do dia, pois a energia concentrada destas tem mais impacto sobre mim, como quando contrastada com a energia e os pensamentos de um ou dois indivíduos durante a manhã, e que posso anular facilmente, simplesmente estando presente, em meu próprio estado vibratório.

Quando minhas emoções estão em equilíbrio, não exijo muito dos planos mental e físico. E, no entanto, minha atividade mental é constante durante todo o tempo em que estou desperto, devido ao fato de estar sempre escrevendo, pesquisando ou simplesmente lendo.

Quanto à energia física, ela provém de todos os grupos aos quais estou associado, e certamente preciso mais deles quando sob um ataque espiritual coletivo, e que ocorre regularmente, como quando os indivíduos que conheço se tornam possuídos.

A Importância da Oração

Porque o Diabo não pode me atingir diretamente, tem sido comum, durante toda a minha existência, ver aqueles ao meu redor se tornarem possuídos. É assim que sou atacado — por aqueles em que mais confio e indiretamente.

Agora, todos nós nos tornamos mais fracos sob pressão constante. E, portanto, você deve ter isto em mente, a fim de proteger sua vibração.

Poucas pessoas se recuperam rapidamente após fortes ataques à auto-estima e energia física. Muitos desenvolvem doenças e morrem. E isso é algo de que você deve estar conscience em todos os momentos.

De fato, um ataque demoníaco a um espírito muito elevado não ocorre de uma só vez, mas de forma consistente, em pequenas doses, até que esse indivíduo esteja fraco demais para reagir sozinho.

Muitas das leis governamentais do mundo moderno também tendem a ser mais eficazes na proteção de agressores do que das vítimas. Além disso, um ataque psíquico ou insulto verbal nunca é algo que você possa justificar facilmente em qualquer tribunal do mundo de hoje, mesmo que possa ser mais devastador para sua saúde mental do que qualquer outra coisa.

Você só pode se proteger de tais incidentes se afastando dos muitos e se juntando aos poucos. "Afaste-se dos 97% e junte-se aos 3%. Não vá aonde eles vão; não faça o que eles fazem; não fale como eles falam. Desenvolva seu próprio idioma e faça parte dos poucos" (Jim Rohn). "Em tempos de guerra, como na vida, cerque-se de pessoas de valor, virtude e moral elevada, porque é sempre melhor perder, perecer e desaparecer em glória do que viver com vergonha" (Robin Sacredfire).

Nos seus momentos mais sombrios, quando sentir que está totalmente sozinho e sem esperança, simplesmente reze, pedindo força e respostas.

Uma oração deve ser repetida todas as manhãs e todas as noites, a fim de reforçar sua aura e capacitar sua mente com mais clareza.

DAN DESMARQUES

Você pode ler todas as orações apresentadas neste livro ou escolher uma para memorizar e usar com frequência. Todas e cada uma delas seguem um padrão específico, relacionado a símbolos ou chakras.

Quando conseguir memorizar uma oração, repita a mesma com os olhos fechados, enquanto está sentado em uma posição confortável, com as mãos em cima do coração. E certifique-se de sentir as palavras enquanto as pronuncia, pois o poder destas orações provém fundamentalmente de suas emoções e capacidade para visualizar os significados por trás das palavras.

A Oração da Cruz

Perdoo-me pelo meu passado,

enquanto coloco minha atenção no futuro,

com fé em Deus,

e fé em mim mesmo;

Pois do mesmo modo que consegui ser feliz antes,

também posso e certamente irei ser feliz novamente;

Com a crença de que posso e vou

atrair mais riqueza e amor

tanto quanto trabalhe em prol da minha sabedoria,

enquanto acumulo experiências de vida.

A Oração do Pentagrama

Com Deus como meu amigo

e minha confiança em Deus

atrairei bons pensamentos e idéias;

pois tanto quanto amo o mundo,

e atraio este amor para a minha vida,

me torno uma pessoa melhor.

E sempre confio em Deus para minha orientação,

e para ver o melhor nos outros,

tanto quanto eles me mostram

a quem Deus quer que eu ame;

porque posso e sempre vou ver o amor,

enquanto vou atraí-lo para a minha vida,

e ao fazê-lo,

irei crescer como uma pessoa amorosa.

Oração ao Deus do Mundo Invisível

Deus do mundo invisível,

traz até mim minha sabedoria diária,

e deixa-me falar apenas o que é bom,

tal como o sinto dentro de meu coração;

e me guia em direção às melhores experiências,

tal como me permito ser guiado com amor,

e não me deixes cair em culpa, vergonha,

arrependimento, remorso ou ressentimento,

mas me ilumina com o que o mundo oferece.

Oração dos Chakras

Deixo agora de lado todos os meus medos,

do passado e do presente,

e reconheço que sou maior

do que o que está diante de mim,

e posso superar tudo o que me assusta.

Se falhar ao longo da jornada da minha vida,

não deixarei a culpa me consumir

e não irei me arrepender por nada que faça,

mas me irei perdoar pelo que fiz de errado.

Aceito todos os aspectos de minha identidade,

e não deixo a vergonha viver dentro de mim,

mas substituo-a por amor próprio,

e a aceitação da minha verdadeira natureza.

Ao fazer isso, libero todos os medos de dentro de mim,

e abandono a dor e a tristeza relacionadas ao meu passado,

enquanto abençoo a todos os que o partilharam comigo.

Estou pronto para aceitar a verdade dentro de mim,

e ao fazê-lo, me recuso a mentir sobre o meu verdadeiro eu,

assim como me recuso a aceitar as mentiras dos outros.

Não deixarei que as ilusões deste mundo me enganem,

mas, em vez disso, receberei conhecimento deste mundo,

e através deste mundo, atrairei sabedoria para mim,

sabendo que tudo e todos estão conectados.

Ao reconhecer e deixar de lado todos os meus apegos,

também abraço a energia cósmica do universo em mim,

e permito que esta me preencha e me cubra de amor infinito.

Ao fazer isso, me entrego a Deus e à Verdade Mais Elevada,

e abraço o que é puro e bonito em minha existência,

dentro do meu verdadeiro eu e meu espírito,

minha alma eterna e sua consciência;

Pois eu sou um com a Criação,

e um com o universo.

Oração da Esperança

Abandono meus medos,

porque tenho fé no meu futuro;

e se eu falhar, aprenderei e me perdoarei,

pois não tenho vergonha de querer a felicidade;

e mereço ser feliz como sou,

enquanto deixo de lado a tristeza que encontro em mim,

porque me fez quem eu sou hoje;

E assim, abençoo aqueles que me guiaram

e fizeram de mim quem eu sou agora,

do mesmo modo que aceito minha verdadeira natureza;

E não serei enganado por ilusões,

mas irei obter idéias do mundo,

enquanto amo o conhecimento e a sabedoria,

vendo que tudo está conectado;

Pois esta verdade me liberta dos apegos

às coisas, pessoas e até minhas emoções,

enquanto me conecta à energia cósmica

e o universo que se manifesta dentro de mim;

Pois eu sou um com Deus e a Verdade,

e aceito o que é eterno e bonito;

DAN DESMARQUES

E procuro ganhar uma consciência superior,

enquanto atraiu para minha vida o que é bom,

manifestando o que sonho e desejo.

Oração dos Bons Desejos

Se este livro o ajudou a alcançar um melhor estado de espírito e mais iluminação, compartilhe o amor com o mundo usando a oração a seguir para melhorar seu nível de empatia.

Escolha uma pessoa, alguém que você ame, alguém de quem você goste, alguém que o machucou no passado, ou mesmo o autor deste livro, e repita a oração seguinte.

Deus do universo,

traz hoje a sabedoria que ... (seu nome), precisa,

e guie-o(a) para o que é bom,

tal como ele/ela sente estas palavras em seu coração;

e leva-o(a) até suas melhores experiências,

tal como ele/ela se deixa guiar com amor,

enquanto o/a libertas da culpa, vergonha,

arrependimento, remorso e ressentimento;

e que ele/ela seja iluminado(a)

através do que o mundo pode oferecer.

Oração para o Exorcismo

Se deseja usar uma oração para ajudar uma alma perdida à distância, repita a seguinte com a imagem dessa pessoa em sua mente ou usando uma foto para orientação.

Deve repetir esta oração, palavra por palavra, pois é a mesma praticada pelos padres do Vaticano.

Se desejar acessar mais informação, consulte os manuais de Malachi Martin ou outro exorcista profissional conhecido.

Também pode usar esta mesma oração em si mesmo.

Não lembre, ó Senhor, dos nossos pecados

ou os de nossos antepassados,

e não nos castigue por nossas ofensas.

E não nos deixe cair em tentação,

mas livrai-nos do mal.

Salve este homem / mulher, seu servo,

porque ele / ela tem esperança em você, meu Deus.

Sê uma torre de força para ele / ela, ó Senhor,

em face do inimigo.

Que o inimigo não tenha vitória sobre ele/ ela,

e que o Filho da Iniquidade não consiga feri-lo(a).

Envie-lhe proteção celestial.

Senhor, ouça minha oração,

e deixe meu choro chegar até você.

Que o Senhor esteja com você,

e com seu espírito.

Oração para a Libertação da Alma

Ouça nossa oração, para que este seu servo

que está preso à cadeia dos pecados,

seja misericordiosamente libertado

pela compaixão de sua bondade.

Santo Senhor! Pai todo-poderoso! Deus eterno!

Pai de Nosso Senhor Jesus Cristo!

Você que destinou esse recalcitrante

e tirano apóstata aos fogos do inferno;

Você que enviou seu único filho para este mundo

para que ele possa esmagar esse Leão que Ruje:

Olhe rapidamente e arrebate da condenação

e deste diabo dos nossos tempos,

este homem / mulher

que foi criado à sua imagem e semelhança.

Jogue seu terror, Senhor, sobre a Besta

que está destruindo o que lhe pertence.

Confie em seus servos contra essa serpente tão maligna,

para lutar com mais bravura.

Para que a Serpente não despreze os que confiam em Você,

e diga - como disse através do Faraó: Eu não conheço Deus,

DAN DESMARQUES

e não deixarei Israel ir.

Deixe Sua força poderosa

forçar a Serpente a deixar ir Seu servo,

para que não o possua mais

a quem Você se dignou fazer à Sua imagem

e resgatar por Seu filho,

que vive e reina com você

na unidade do Espírito Santo, como Deus,

Para sempre e sempre.

Amém!

Oração de São Miguel

São Miguel, Arcanjo,

ilustre líder do exército celestial,

nos defende na batalha

contra principados e poderes,

contra os governantes do mundo das trevas

e o espírito de maldade em lugares altos.

Vem para o resgate da humanidade,

que Deus criou à Sua própria imagem e semelhança,

e comprou da tirania de Satanás a um preço tão alto.

A Santa Igreja te venera como patrono e guardião.

O Senhor confiou em você a tarefa de liderar as almas dos remidos

à bem-aventurança celestial.

Peça ao Senhor da paz que lance Satanás

embaixo de nossos pés,

de modo a impedi-lo de manter o homem em cativeiro

e fazendo mal à Igreja.

Leve nossas orações ao trono de Deus,

para que a misericórdia do Senhor possa rapidamente chegar

e agarrar a besta, a serpente da antiguidade,

Satanás e seus demônios,

lançando-o em correntes no abismo,

para que ele não possa mais seduzir as nações.

About the Publisher

This book was published by the 22 Lions Bookstore.
For more books like this visit www.22Lions.com.
Join us on social media at:
Fb.com/22Lions;
Twitter.com/22lionsbookshop;
Instagram.com/22lionsbookshop;
Pinterest.com/22LionsBookshop.

www.ingramcontent.com/pod-product-compliance
Lightning Source LLC
Chambersburg PA
CBHW050442010526
44118CB00013B/1636